Ritterleben auf der Burg
Ein abenteuerliches Spiel- und Sachbuch

Christa Holtei • Volker Fredrich

Ritterleben auf der Burg

Ein abenteuerliches Spiel- und Sachbuch

kbv LUZERN

Für meine Schwester

Christa Holtei
studierte Anglistik, Romanistik, Philosophie und Pädagogik in Düsseldorf. Heute arbeitetet sie als freie Übersetzerin. Sie hat für den kbv LUZERN bereits ein Buch über Piraten geschrieben und außerdem mehrere Kindersachbücher aus dem Englischen übersetzt. Sie lebt mit ihrem Mann in Ratingen bei Düsseldorf.

Volker Fredrich
wurde 1966 in Mühldorf a. Inn geboren. Nach einigen Jahren als Erzieher studierte er Gestaltung an der FH Hamburg und arbeitet seit 1996 als freier Illustrator für Kinderbuch- und Schulbuchverlage.

Beim kbv LUZERN sind noch mehr Spiel- und Sachbücher erschienen:
Christa Holtei/Kerstin Meyer
Mit Piraten auf großer Fahrt
Werner Waldmann /Marion Zerbst
Tipi, Mokassin und Powwow

Christa Holtei (Text)
Volker Fredrich (Illustrationen)
Ritterleben auf der Burg
Ein abenteuerliches Spiel- und Sachbuch

2. Auflage 1999

©1999 by Kinderbuchverlag Luzern (Sauerländer AG), Aarau/Switzerland
Alle Rechte vorbehalten. Das Werk und seine Teile sind urheberrechtlich geschützt. Jede Verwertung in anderen als den gesetzlich zugelassenen Fällen bedarf deshalb der vorherigen schriftlichen Einwilligung des Verlages.

Reproduktion: Lanarepro, Lana
Druck und Bindung: Editoriale, Triest

Printed in Italy

ISBN 3-276-00196-9
Bestellnummer 19 00196

Die Deutsche Bibliothek – CIP-Einheitsaufnahme
Ritterleben auf der Burg: ein abenteuerliches Spiel- und Sachbuch /
Christa Holtei; Volker Fredrich. – 2. Aufl.
Aarau/Switzerland: kbv Luzern, 1999
ISBN 3-276-00196-9

Die Zeit der Ritter	6
Von berittenen Kriegern und mutigen Helden: Das Frühe Mittelalter (500–1000)	8
Die ersten Ritterrüstungen	10
Vom Panzerreiter zum adeligen Ritter	11
Von kühnen Rittern und höfischen Tugenden: Das Hohe Mittelalter (1000–1250)	12
Ritterrüstungen, Wappen und Herolde	14
Mach mit: Ritterrüstung	16
Die Kreuzzüge	18
Vom Pagen zum Ritter	20
Ritterturniere	22
Mach mit: Mit Brief und Siegel, Lanzenstechen	24
Von den letzten Rittern: Das Späte Mittelalter (1250–1500)	26
Ritter in Bedrängnis	28
Ritterburgen: Wohngebäude und wehrhafte Anlagen	30
Angriff auf eine Burg	32
Aufgaben eines Burgherrn	33
Mach mit: Burgtheater	34
Unterhaltung auf der Burg	36
Mach mit: Würfelspiele und Rätsel	38
Die Burgherrin	40
Aufgaben einer Edelfrau	41
Mach mit: Teppich weben, Stickerei für adelige Damen, Kräutergärtlein	42
Kleidung	44
Herrenmode	45
Damenmode	46
Mach mit: Ritterkleidung	48
Burgküche	50
Das Festmahl	52
Unterhaltung der Gäste	55
Mach mit: Ritter-Rezepte	56
Feste mit Musik und Tanz	58
Weihnachten und Ostern	58
Festliche Umzüge und Tänze am Hof	59
Mach mit: Ritterfest	60
Das Ritterspiel: Rettung aus dem Burgverlies	62
Kleines Ritter-Wörterbuch	64

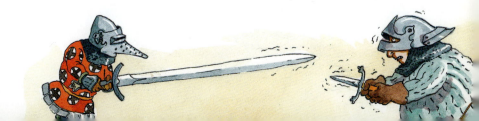

Die Zeit der Ritter

Ritter gibt es heute nicht mehr. Sie gehören in eine Zeit, die wir heute das Mittelalter nennen und die ungefähr fünfhundert bis tausendfünfhundert Jahre vorbei ist. Es ist die Zeit zwischen 500 und 1500 nach Christus. Ländergrenzen, Literatur und Kunst und die Menschen selbst veränderten sich in Europa im Mittelalter ganz erheblich.

Kleine und große Dinge, die wir heute ganz selbstverständlich nehmen, wurden im Mittelalter erfunden oder entstanden damals zum ersten Mal.

Die Stadt (12. Jahrhundert)

Im 12. Jahrhundert entwickelten sich die ersten Städte aus Ansiedlungen um eine Burg herum. Noch heute heißen die Bewohner einer Stadt aus diesem Grund »Bürger«. Eine Stadt war mit einer Stadtmauer befestigt, die sie vor Feinden schützte. Ohne Kontrolle kam auch in Friedenszeiten niemand herein, der nicht erwünscht war.

Das Knopfloch (14. Jahrhundert)

Als Marco Polo gegen Ende des 13. Jahrhunderts aus China wiederkam, brachte er den Knopf mit nach Europa. Sehr schnell wurde dann das Knopfloch erfunden und man brauchte sich morgens nicht mehr in seine Kleider einzunähen und abends die Nähte wieder aufzutrennen.

Das Schießpulver (13. Jahrhundert)

Das schwarze, grobkörnige Schießpulver wurde schon vor dem Jahr 1000 entdeckt, aber erst ab dem 13. Jahrhundert für Waffen gebraucht. Ab dem 15. Jahrhundert dann wurde es für riesige Kanonen benutzt, die zentnerschwere Steine gegen Burgmauern schleudern konnten.

Der Buchdruck (15. Jahrhundert)

Bücher mussten mit der Hand geschrieben werden, was teuer und langwierig war. Dann erfand Johannes Gutenberg (1398–1468) die Druckerpresse, mit der Bücher wie dieses hier beliebig oft gedruckt werden können.

Um diese lange und ereignisreiche Zeit des Mittelalters besser betrachten zu können, teilen wir sie heute oft in drei Abschnitte oder Epochen ein: das Frühe Mittelalter (500–1000), das Hohe Mittelalter (1000–1250) und das Späte Mittelalter (1250–1500). Jede Epoche war von der anderen verschieden, aber grundsätzlich gab es zwei wesentliche Dinge, die sie alle zusammen zum europäischen Mittelalter machen:

Die Gesellschaftsordnung

Die Gesellschaft war wie eine Pyramide aufgebaut. An ihrer Spitze stand der König. Er war ein Lehnsherr, das heißt er »verlieh« an die Adeligen seines Reiches Land: gab es ihnen zu Lehen. Sie wurden dadurch zu seinen Vasallen oder Lehnsmännern. Sie verpflichteten sich mit dem Lehnseid zur Treue und dazu, in Kriegszeiten dem König Soldaten zur Verfügung zu stellen.

Die Adeligen verteilten ihrerseits Lehen an niedrigere Adelige, die Ritter, und machten diese zu ihren Lehnsmännern, die ihnen im Kriegsfall Waffen, Pferde und Soldaten stellten.

Auf der untersten Stufe der Pyramide standen die Bauern. Sie arbeiteten auf den Gütern ihrer Herren als Leibeigene und bekamen dafür ein Stück Land, das sie gegen Bezahlung, die Pacht, für sich selbst bebauen durften. Die Pacht wurde in Korn oder Vieh bezahlt.

Die christliche Kirche

Im Mittelalter war das Christentum im westlichen Europa nahezu die einzige Religion. Das Oberhaupt aller Christen der römisch-katholischen Kirche war der Papst.

Die Kirche hatte große politische Macht, eigene Gesetze, Steuereinkünfte und Ländereien. Die Erzbischöfe von Köln, Trier und Mainz gehörten sogar zu den Fürsten, die in Deutschland den König wählten.

Auch auf das alltägliche Leben der Menschen hatte die Kirche großen Einfluss. Sie wurden in der Kirche getauft und getraut und ein ewiges himmlisches Leben war ihnen nach ihrem Tod versprochen. Für ihren Glauben zogen sie sogar in den Krieg.

Von berittenen Kriegern und mutigen Helden

Das Frühe Mittelalter (500–1000)

Die ersten Ritter gab es im 8. Jahrhundert. Sie wurden Ritter genannt, weil sie nicht zu Fuß kämpften, sondern als »Berittene« auf einem Pferd in den Krieg zogen.

Natürlich gab es einen Grund dafür, dass es im Frühen Mittelalter plötzlich notwendig wurde, berittene Krieger in den Kampf zu schicken. Der Grund war der Angriff arabischer Reiterheere auf Spanien im Jahr 711. Von Arabien aus hatten sie schon Vorderasien und Nordafrika erobert und zogen im Jahr 713 über die Pyrenäen, das Grenzgebirge zum fränkischen Reich. Sie brachten zwar eine hoch stehende Kultur nach Europa: Kunst, Philosophie, Dichtung, Medizin und vieles mehr hätten die Europäer von ihnen lernen können. Aber die Franken fühlten sich als Christen herausgefordert, die Araber wieder aus Europa zu vertreiben, weil sie Anhänger einer anderen Religion, des Islam, waren. Die christlichen Franken nannten die Araber sogar Heiden oder heidnische Mauren.

Zu Fuß konnten die Franken die geschickten Reiterheere der Kalifen natürlich nicht besiegen. Sie stellten eigene Reiterheere zusammen und trieben die Araber 732 wieder aus dem Frankenreich. So wurden sie als die ersten Ritter, die so genannten »fränkischen Panzerreiter«, berühmt. Ein Panzer, also eine Rüstung, schützte sie.

König Karl beobachtete sorgenvoll, wie die letzten Reiter seiner Armee an ihm vorüberzogen. Sie waren auf dem Rückzug von Saragossa in Spanien nach Hause ins Frankenreich. Eigentlich hatte er keinen Grund zur Besorgnis, denn der Kalif Marsilias, der König der heidnischen Mauren, hatte ihm Frieden zugesichert und ihm reiche Geschenke gegeben um seine guten Absichten zu zeigen.

Außerdem ritt Karls Neffe Roland am Schluss des Heeres und würde hier am letzten Pass zurückbleiben um zu beobachten, ob die Mauren ihnen doch folgten. Zusammen mit seinem Freund Olivier und dem Erzbischof Turpin befehligte er die Nachhut von zwanzigtausend Panzerreitern. Roland hatte auch sein unzerbrechliches Schwert Durandart und sein Horn Olifant bei sich, das meilenweit zu hören war, falls er Hilfe benötigte.

Aber trotzdem war Karl unsicher, denn er hatte einen Traum gehabt. Ein Engel hatte ihn vor Ganelon, Rolands Stiefvater, gewarnt und dann hatte Ganelon ihm den Speer entrissen und an einer Felswand zerbrochen.

Daher wusste Karl, dass Ganelon ein Verräter war, der mit den Mauren gemeinsame Sache machte und hier, im unwirtlichen Tal von Ronceval, einen Überfall auf die Franken plante. Schweren Herzens ritt Karl über den Pass und ließ Roland bei seiner Nachhut zurück …

Das Rolandslied

Dies ist ein kleiner Teil einer Geschichte, die sich seit dem 8. Jahrhundert über Europa bis hinauf nach Skandinavien verbreitet hat und in allen Epochen des Mittelalters gerne erzählt wurde. Sie heißt das »Rolandslied« und beruht teilweise auf wahren Begebenheiten. Der Hass der Christen auf die Mauren war so groß, dass sie 778 unter Karl dem Großen (742–814) versuchten, sie auch aus Spanien wieder zu vertreiben, aber ohne Erfolg. Karl musste unverrichteter Dinge wieder nach Hause reiten. Beim Rückzug über die Pyrenäen wurde sein Reiterheer von den Basken überfallen, die dort wohnten, und sein Neffe, der berühmte Roland, Markgraf der Bretagne, wurde dabei am 15. August 778 getötet.

Natürlich durfte einem so großen König und späteren Kaiser wie Karl dem Großen ein Misserfolg in einem Glaubenskrieg nicht wie ein Makel anhaften. Der Mut und der Kampfgeist der Krieger des Frühen Mittelalters wurde nämlich auch dadurch gestärkt, dass ihr Anführer und König Erfolg im Kampf hatte und (fast) unbesiegbar war.

Legende

So verschwiegen die Geschichtsschreiber, dass es gar nicht die Mauren waren, die Karl und seine Panzerreiter auf dem Rückzug nach einem erfolglosen Kampf in den Pyrenäen angegriffen hatten, sondern der Stamm der Basken. Die Geschichte wurde zur Legende. Die Dichter erzählten, dass die Mauren durch gemeinen Verrat Karls Heer von hinten angegriffen hätten. Roland, der Held, habe allein gegen eine Überzahl von Feinden gekämpft, bis er selbst an seinen vielen Verwundungen starb. Auf diese Weise haftete kein Makel an Karl als Heerführer und die Mauren waren wieder einmal die Übeltäter.

Roland wurde als Märtyrer gesehen, also als Mensch, der für seinen Glauben sterben musste. Besonders in Skandinavien und in Norddeutschland (zum Beispiel Bremen), aber auch in Städten wie Prag wurden Rolandsäulen errichtet. Roland ist zu sehen, der mit gezogenem Schwert die Menschen vor Unrecht schützt. Oft steht die Inschrift »Sanctus Rolandus« (Heiliger Roland) auf den Standbildern. An den Rolandsäulen wurde in mittelalterlichen Städten oft Recht gesprochen.

Die ersten Ritterrüstungen

Roland und seine Mitstreiter sahen noch nicht so aus, wie heute die Ritter dargestellt werden. Sie hatten beim Kampf keine volle Rüstung aus Metallteilen an, aber eine Rüstung, die sie im Kampf schützte und sie auf ihren Pferden beweglich sein ließ.

Panzerreiter

Die fränkischen Panzerreiter Karls des Großen (742–814) trugen Schuppenpanzer oder Brünnen. Solch ein Schuppenpanzer bestand aus einem Lederwams, das Körper, Oberarme und Oberschenkel bedeckte und mit eisernen Plättchen besetzt war. Diese Plättchen waren schuppenartig wie Dachziegel angebracht und schützten vor Pfeilen und Schwerthieben. Auf dem Kopf trug ein solcher Reiter einen Spangenhelm, der mit Leder ausgepolstert war, und um die Schienbeine waren Beinschienen oder Ledergamaschen befestigt.

Die Waffen eines fränkischen Panzerreiters waren das weltberühmte Langschwert, die Axt und die Lanze, die er beim Angriff hoch über dem Kopf schwang. Dabei sorgte der neu entwickelte fränkische Sattel für festen Halt auf dem Pferd.

Außerdem erfanden die Franken die Steigbügel, die sich sehr schnell durchsetzten. Mit ihnen konnte der Reiter sich auf dem Pferd sogar aufrichten und gezielt Schwerthiebe austeilen oder mit der Lanze zustechen.

Ein fränkischer Reiter schützte sich außerdem mit einem runden Buckelschild aus Holz oder Leder.

Vom Panzerreiter zum adeligen Ritter

Bis zum 10. Jahrhundert hatten die Panzerreiter sich bei weiteren großen Kriegen gegen die Wikinger im 9. Jahrhundert und gegen die ungarischen Reiterheere im 10. Jahrhundert unentbehrlich gemacht. Sie waren dafür in den adeligen Ritterstand erhoben worden und durch den Lehnseid zu Vasallen ihrer Könige oder Herren geworden. Auf ihren Rittergütern oder Lehen lebten sie von den Einnahmen der Landwirtschaft.

Lehnseid

Der Lehnseid war gegenseitig. Der Lehnsherr verpflichtete sich auf Lebenszeit, seinen Vasall als freien Mann zu achten, zu schützen und, wenn nötig, sogar vor dem königlichen Gericht zu verteidigen. Er garantierte ihm auch die Nutzung des Lehens als seinen Unterhalt, damit er seinen Pflichten als Vasall nachkommen konnte.

Der Vasall verpflichtete sich auf Lebenszeit, seinen Lehensherrn zu achten, an Ratsversammlungen teilzunehmen und in seinem Namen Recht zu sprechen. In Kriegszeiten musste er Pferde, Waffen und Kämpfer oder auch seine Burg zur Verfügung stellen und manchmal Lösegeld zahlen, wenn sein Lehnsherr in Gefangenschaft geriet. Er gelobte ihm unverbrüchliche Treue.

Dieser Vertrag wurde zwischen beiden vor Zeugen, d.h. anderen Vasallen, mit einem Kuss besiegelt und vor Gott beschworen.

Raubritter

Trotz dieses feierlichen Eides und der Macht und Ehre, die ein Lehnsmann damit empfing, waren manche Ritter zu Hause auf ihren Burgen und Rittergütern nicht so vorbildlich und ritterlich, wie sie sein sollten. Ihr Beruf war der Kampf und das veranlasste einen Teil von ihnen in Friedenszeiten dazu, sich gegenseitig zu bekämpfen. Sie brannten die Bauernhöfe des Gegners nieder oder verwüsteten dessen Felder und nahmen die Nahrungsmittel mit auf ihre Burgen, worunter natürlich die Leibeigenen am meisten zu leiden hatten. Es gab die ersten Raubritter: verarmte Ritter, die ihr Land verloren hatten und die Kaufleute und Reisende überfielen und ausraubten. Es musste dringend etwas geschehen, um diese Ritter zu ächten oder zu wirklichen Adeligen zu machen.

Von kühnen Rittern und höfischen Tugenden

Das Hohe Mittelalter (1000–1250)

Am Anfang des Hohen Mittelalters fürchtete das Volk diese unritterlichen Ritter und die Kirche wetterte gegen sie. Besonders ein berühmter französischer Abt, der heilige Bernhard von Clairvaux, nannte sie »keine Ritter, sondern ein Übel«. Er wusste, was er da ablehnte. Er war selbst ein burgundischer Adeliger und in seiner Jugend zum Ritter ausgebildet worden, bevor er im Jahr 1112 mit 22 Jahren in ein Kloster eintrat.

Es geschahen zwei Dinge am Ende des 11. Jahrhunderts, die auch die gefürchteten Raufbolde unter den Rittern zu den strahlenden Helden machen konnten, die bis heute bekannt und berühmt sind. Zum einen machte die Kirche die Ritter zu Streitern Gottes in den Kreuzzügen. Auf diese Weise hatten sie eine Aufgabe, denn sie konnten kämpfen und gleichzeitig damit in den Augen der Kirche trotzdem Gutes tun. Zum anderen entstand eine Form der Dichtung in Südfrankreich, die zu der beliebtesten des europäischen Mittelalters gehört: die Minnedichtung, die die Liebe eines Ritters zu einer schönen Dame besingt.

> Du bist mein, ich bin dein:
> dessen sollst du gewisse sein.
> Du bist eingeschlossen
> in meinem Herzen:
> Verloren ist das Schlüsselein,
> du musst auf immer drinnen sein.
> (12. Jahrhundert)

Minnesänger

Der erste, von dem wir wissen, dass er ein adeliger Minnesänger oder Troubadour war, also ein dichtender Ritter, ist Herzog Wilhelm IX. von Aquitanien (1087–1127). Er besang die Minne, das heißt die Liebe und die respektvolle Haltung eines Ritters gegenüber einer schönen Dame. Er besang aber auch die Treue eines Ritters gegenüber seinem Lehnsherrn und die ritterlichen Tugenden, zum Beispiel die Ehre und die Gerechtigkeit.

König Artus

Im 12. Jahrhundert entstanden in Frankreich höfische Ritterromane. Sie feierten den berühmten König Artus und seine Tafelrunde. Alle Ritter saßen um einen runden Tisch, alle, auch König Artus, waren dadurch gleichberechtigt. Die Hauptpersonen der Geschichten waren keine kriegerischen Helden wie Roland, sondern vorbildliche, ideale Ritter voller Tugenden wie der Höfischkeit (Höflichkeit) oder der Weisheit.

In den spannenden Ritterromanen konnte sich ein Ritter bewähren, auch wenn er nicht in einen wirklichen Krieg zog. Er musste eine ritterliche Aufgabe suchen, zum Beispiel ein Abenteuer gegen Drachen oder Riesen bestehen. Er durfte dabei aber nie von den ritterlichen Tugenden abweichen oder über seinen Abenteuern die Liebe zu seiner Dame vergessen.

Ywain saß traurig vor einer Kapelle in einem Wald und streichelte seinem schlafenden Löwen die Mähne. Der Löwe folgte ihm, wo immer er hinging, seitdem er ihn aus den Klauen eines Drachen gerettet hatte.
Ywain machte sich bittere Vorwürfe. Er hatte alles verloren, wofür es sich als Ritter zu leben lohnte. Seine Frau Laudine hatte ihn verstoßen, denn er hatte sein Ehrenwort gebrochen und war länger als das vereinbarte Jahr mit seinem Freund Gawain von Turnier zu Turnier gezogen. Er hatte den Glanz genossen, im Mittelpunkt müßiger Ritterspiele zu stehen, und darüber seine Liebe vergessen.
Er war eitel gewesen. Er war unritterlich gewesen. Er war noch nicht einmal mehr würdig, zu Artus und seinem Hof zurückzukehren, den er aus gekränkter Eitelkeit verlassen hatte. Er hatte einfach nicht verkraftet, dass Gawain und nicht er zu dem kühnen Abenteuer an einer Zauberquelle ziehen durfte und so war er auf eigene Faust losgezogen. Dabei hatte er zwar seine Frau kennen gelernt, aber auch das war ja nicht gut ausgegangen.
Es war ein Teufelskreis und er wusste nicht, wie er wieder herauskommen sollte. Er war verzweifelt und beklagte laut sein Schicksal.

»Was habt Ihr so viel Mitleid mit Euch selbst, Herr Ritter?«, fragte da die Stimme einer Frau aus der Kapelle. »Mein Schicksal ist noch schlimmer als Eures, denn ich werde morgen sterben müssen.«
»Was habt Ihr verbrochen?«, rief Ywain.
»Ich bin schuldig, denn ich habe meiner Herrin zu einem Ehemann geraten, der ihr gegenüber sein Ehrenwort gebrochen hat. Und ihre Ratgeber haben jetzt das harte Urteil gegen mich erwirkt. Ich kann nur gerettet werden, wenn ein Ritter für mich kämpft.«
Ywain jubelte. Er kannte das Mädchen, das da sprach. Es war Lunete, die Dienerin seiner Frau. Sie war seine Erlösung. Er würde im Morgengrauen für sie kämpfen, und zwar ritterlich. In einem ehrenvollen Zweikampf Ritter gegen Ritter. Diesmal würde er nicht aus Eitelkeit kämpfen, sondern er würde mit dem Kampf eine Rittertugend erfüllen, nämlich einem schwächeren Menschen in Not zu helfen. Da war endlich die wahrhaft ritterliche Tat, auf die er gewartet hatte!
»Ich komme morgen und kämpfe für dich, Lunete! Ich bin Ywain, der Löwenritter!«, rief er in die Kapelle hinein.
Ein Freudenschrei tönte durch den Wald …

Nachdem er Lunete gerettet hat, wird Ywain in allen Ehren vom Artushof wieder als Ritter aufgenommen und er versöhnt sich auch mit seiner Frau Laudine. So geht alles gut aus für einen wirklich ehrenhaften Ritter.
Aus beliebten Geschichten wie dieser sind übrigens viele Märchen entstanden, in denen ja auch Drachen, Riesen oder Zauberquellen vorkommen können.

Ritterrüstungen

Die Ritter der höfischen Romane und die wirklichen Ritter waren für den Kampf anders gerüstet als die Panzerreiter Karls des Großen. Schon Mitte des 11. Jahrhunderts hatte sich ihre Rüstung verändert.

Normannische Ritter um 1050

Als Wilhelm der Eroberer 1066 aus der Normandie, seinem Herzogtum in Frankreich, nach England übersetzte um seinen Anspruch auf den englischen Thron mit Waffengewalt durchzusetzen, gewann er die Schlacht bei Hastings mit Hilfe seiner Ritter. Die Angelsachsen kämpften zu dieser Zeit ausschließlich zu Fuß und konnten sich gegen die Reiterarmee nicht durchsetzen.

Ein normannischer Ritter war besser geschützt als ein fränkischer Panzerreiter, denn er trug ein langes Kettenhemd. Solch ein Kettenhemd oder Ringelpanzer wurde aus ungefähr 200 000 Eisenringen vernietet oder verschweißt und wog 12 bis 15 kg. Auf dem Kopf hatte der Ritter einen Eisenhelm mit Nasenschutz und er kämpfte mit Schwert, Stachelkeule oder Lanze, die unter den Arm geklemmt wurde und einen anstürmenden Reiter aus dem Sattel heben konnte. Normannische Ritter trugen auch nicht mehr den gewölbten Holz- oder Lederschild der Franken, sondern mandelförmig zugespitzte Langschilde, die zusätzlich mit Riemen um den Nacken befestigt wurden und eine ganze Körperseite abdeckten.

Neuerungen 1100–1250

Besonders Kopf und Hände eines Ritters mussten geschützt werden. Das Kettenhemd wurde also um eine Art Kapuze ergänzt und die verlängerten Ärmel bekamen Fäustlinge. Darüber wurde der Waffenrock, eine Art lose fallender Stoffkittel, getragen. Auf dem Kopf saß über der Kettenhaube der Topfhelm, der den ganzen Kopf bedeckte. Er hatte Augenschlitze und Luftlöcher und verbarg das Gesicht des Ritters völlig.

Wappen

Die Erfindung des Topfhelms machte es nötig, dass zusätzliche Zeichen verrieten, wen ein Ritter im Kampf vor sich hatte, denn das Gesicht war völlig verborgen. Jede Ritterfamilie hatte also einen eigenen Schlachtruf oder Wahlspruch und die Helmzier wurde erfunden. Das war eine Lederkappe, die über den Helm gestülpt wurde und das Wappen des Ritters zeigte.

Wappen waren auch auf Waffenrock und Pferdedecke zu sehen, besonders aber auf dem Schild. Es gab aufgemalte breite Streifen, Rauten oder Kreuze, aber auch Bilder: Lilie, Rose, Adler, Löwe oder Leopard. Bestimmte Farben wurden immer wieder benutzt: Rot, Blau, Grün und Schwarz, manchmal Purpur waren die Wappenfarben. Sie wurden mit den Metallen Gold (Gelb) und Silber (Weiß) im Wappen voneinander getrennt.

Herolde

Bald mussten Wappenbücher erstellt werden, damit ein Herold die vielen verschiedenen Wappen auseinander halten konnte.

Ein Herold stand in Diensten eines adeligen Herrn oder Ritters und war in Friedenszeiten sein Bote und wappenkundiger Hofbeamter bei Turnieren. Er hatte den Heroldsrock an, der das Wappen seines Herrn zeigte.

In Kriegszeiten war er unantastbar und trug keine Waffen. Als Beobachter eines Kampfes war er unparteiisch und ihm vertrauten die Ritter vor dem Kampf ihr Testament oder ihre Wertsachen an. Und nur ein Herold durfte ungehindert das feindliche Lager betreten um Botschaften zu überbringen.

Außerdem hatte er die Aufgabe, nach dem Ende eines Kampfes die Toten zu identifizieren, und dazu musste er ihre Wappen kennen. Nach ihm wurde die Wappenkunde benannt: die Heroldskunde oder Heraldik.

Die neun einfachen Heroldstücke

Mach mit: Ritterrüstung

Für die Ritter-Grundausstattung braucht ihr ein langes T-Shirt, vielleicht sogar mit langen Ärmeln, Leggings oder Strumpfhosen, Turnschuhe oder Espandrillos und einen Ledergürtel. Über das T-Shirt wird das Kettenhemd gezogen, ein Schwert könnt ihr durch den Ledergürtel stecken, der Schild kommt an den linken Arm und der Helm natürlich auf den Kopf.

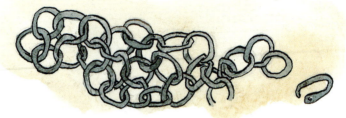

Kettenhemd

Ihr braucht:

✩ 1 blauen oder grauen Plastiksack oder Noppenfolie oder bunte Wellpappe (ungefähr 40 x 120 cm)
✩ Schere

1. Ein Loch für den Kopf in den blauen Sack schneiden (am oberen zugeschweißten Ende) und an den Seiten zwei Armlöcher. Wenn das Kettenhemd zu lang ist, einfach ein Stück abschneiden.

   Wenn ihr die Noppenfolie oder Wellpappe nehmt, müsst ihr sie einmal zusammenfalten (40 x 60 cm). In den Knick das Loch für den Kopf schneiden und das Kettenhemd überziehen.

2. Jetzt einen Gürtel umbinden, damit das Kettenhemd in Form kommt.

Schwert

Ihr braucht:

✩ feste Pappe   ✩ Alufolie oder Silberfarbe   ✩ buntes Klebeband oder Kordel   ✩ Buntstifte

1. Aus der Pappe ein 6 x 50 cm großes Stück in Schwertform ausschneiden.

2. Zweimal den Handschutz von 6 x 20 cm ausschneiden und von beiden Seiten an den Schwertgriff kleben. Zusätzlich noch mit Kordel oder farbigem Klebeband umwickeln, damit es hält.

3. Die Schwertklinge mit Alufolie bekleben oder mit Silberfarbe anmalen, den Griff mit Buntstiften verzieren.

Schild

Ihr braucht:

☆ feste Pappe   ☆ Schere   ☆ bunte Farben   ☆ Kordel

1. Aus einem großen Stück Pappe eine Schildform ausschneiden. In die Mitte des Schildes vier Löcher bohren.
2. Den Schild bemalen und dann zwei Stücke Kordel durch die Löcher schieben. Die Kordel-Enden so verknoten, dass durch eine Schlaufe euer Arm passt und ihr die zweite mit der Hand festhalten könnt.

Wappen

Ihr braucht:

☆ Die heraldischen Farben Rot, Blau, Grün und Schwarz, sowie Gold (Gelb) und Silber (Weiß)
Vorsicht: Rot, Blau, Grün und Schwarz dürfen nicht direkt aufeinander treffen, sondern müssen mit Gold oder Silber eingerahmt sein.

Bemalt eure Schilde mit Heroldsstücken (s. S. 15) oder mit Bildern. Ein Schwan bedeutet Schönheit, ein Löwe oder Leopard Mut, ein Wildschwein Kraft. Ihr könnt auch euren Familiennamen nehmen: eine Windmühle für Müller, einen Hammer für Schmidt oder Schmied oder eine Flöte für Pfeifer usw.

Helm

Ihr braucht:

☆ dünne Pappe   ☆ Schere   ☆ Alufolie oder Silberfarbe   ☆ Klebstoff

Aus der Pappe eine Röhre formen. Wenn sie um euren Kopf herumpasst, zusammenkleben. Dann noch einmal aufsetzen und ausprobieren, wo die Augen sind. Wieder absetzen, den Augenschlitz hineinschneiden und ein paar Luftlöcher hineinbohren. Mit Silberfarbe anmalen oder mit Alufolie bekleben.

Die Kreuzzüge

Die Kirche gab den höfischen Rittern im Hohen Mittelalter eine Aufgabe, bei der sie Kampf und ritterliche Tugenden verbinden konnten. Der Papst rief die europäische Ritterschaft zu den Kreuzzügen ins Heilige Land und machte Gott selbst zum Lehnsherrn. Über eine Million Kreuzritter und Pilger, darunter auch Kaiser wie der Staufer Friedrich Barbarossa und Könige wie Richard Löwenherz von England, folgten in zwei Jahrhunderten diesem Aufruf, aber Seuchen, Unglücke und Krieg ließen nur die Hälfte von ihnen wieder nach Hause zurückkehren.

Zeitalter der Kreuzzüge (1096–1291)

Das Einzigartige an den Kreuzzügen ist wohl, dass der Aufruf der Päpste über Ländergrenzen hinweg die Kaiser, Könige und Ritter der europäischen christlichen Gemeinschaft zum Kampf für eine gemeinsame Idee zusammenführte. Jerusalem und das Heilige Grab sollte aus den Händen der islamischen Eroberer befreit und die Angriffe auf Pilger sollten beendet werden. Das Blutbad unter den Stadtbewohnern bei der Eroberung Jerusalems im ersten Kreuzzug war allerdings alles andere als christlich und ritterlich.

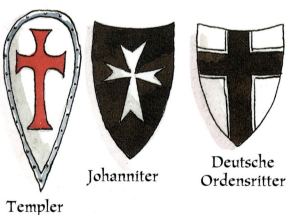

Templer Johanniter Deutsche Ordensritter

Ritterorden

Gegen die fortgesetzten Überfälle auf Pilger gründeten einige Ritter 1119 in der Nähe des Tempels von Jerusalem einen Orden, die Templer oder Tempelritter. Diese Kreuzritter bildeten eine Gemeinschaft von christlichen Rittern, die wie Mönche auch ein Gelübde der Armut, der Keuschheit und des Gehorsams ablegten. Sie waren wegen ihrer Frömmigkeit und Tapferkeit berühmt.

1099 bildete sich der Orden der Johanniter, die außerdem die Kranken und Verwundeten pflegten. Ein dritter Orden, der Deutsche Orden, wurde 1190 gegründet.

Ordensritter trugen ein Kreuz auf dem Waffenrock, das sie als Kreuzritter kenntlich machte.

Die Wunder des Ostens

Auf allen Kreuzzügen erfuhren die Ritter immer wieder, dass die orientalische Lebensart ihrer eigenen überlegen war. Sie brachten feine Möbel, Teppiche, Samt und Seidenstoffe, Pfirsiche und würzige Speisen mit nach Hause und Instrumente für die Sternenkunde oder Musikinstrumente wie die Laute. Sie lernten *Sukkar* kennen, den Zucker, der süßer war als der Honig, den sie zu Hause zum Süßen benutzten, und sie schmeckten das erste Mal in ihrem Leben *Sorbet,* einen halbgefrorenen süßen Fruchtsaft. Und sie lernten, dass ein Bad in warmem, duftendem Wasser wohltuender für den Körper sein kann als kaltes Wasser aus dem Brunnen. Die vergleichsweise nicht sehr zivilisierten Ritter des Westens bestaunten die Wunder des Ostens und ahmten sie zu Hause nach.

An vielen Burgen wurden so genannte Ritterbäder mit komplizierten Heizvorrichtungen angebaut, damit das Leben auch zu Hause angenehm und entspannend sein konnte. Oft badeten mehrere Menschen zusammen, aßen und tranken oder spielten Brettspiele, während sie in den hölzernen Badezubern saßen. Bevor diese Zuber mit warmem Wasser und duftenden Ölen zur Reinigung der Haut gefüllt wurden, kleideten Dienstmägde sie mit Leintüchern aus, damit sich keiner der Badenden Holzsplitter in die Haut rammen konnte.

Vom Pagen zum Ritter

Von klein auf lernten die Söhne der Ritter, selbst Ritter zu werden. Dazu gehörte, Lehen zu verwalten, mit Leibeigenen umzugehen und möglichst gewinnbringend auf den Ländereien zu wirtschaften. Notfalls musste eine Hungersnot überwunden werden können, wenn die Ernte schlecht war.

Zur Ausbildung gehörte auch gutes Benehmen und die Kenntnis der ritterlichen Tugenden. Sie hatten einen erzieherischen Zweck, aber galten nicht unbedingt für alle Menschen. Mittelalterliche Lehnsherren hatten ihren genauen Platz in der gesellschaftlichen Pyramide. Bei Gleichgestellten und Höhergestellten gehörten die Tugenden natürlich zum guten Ton, besonders den Damen gegenüber. Die Frau eines Leibeigenen jedoch wäre von einem Ritter niemals wie eine Dame behandelt worden. Sie hatte Frondienst (Dienst für den Lehnsherrn) zu leisten und musste zufrieden sein, wenn sie und ihre Familie überlebten.

Die Hauptaufgabe eines Rittersohnes lag jedoch im Kampf. Deshalb wurde er an den Waffen ausgebildet, denn gemäß seines Lehnseides musste er seinem Lehnsherrn in den Krieg folgen und sich im Schlachtgetümmel bewähren können. Der eigentliche Beruf eines Ritters war nun einmal der Kampf zu Pferd.

Page

Bis sie sieben Jahre alt waren, wurden Jungen und Mädchen gemeinsam von ihrer Mutter erzogen. Danach übernahmen der Vater oder die älteren Brüder die Erziehung der Jungen. Sie waren nun Pagen und übten sich im Reiten, Schwimmen, Faustkampf und Bogenschießen. Viele lernten auch bei einem Hausgeistlichen lesen, schreiben, rechnen und ein wenig Latein.

Knappe

Mit vierzehn Jahren verließ ein Page sein Elternhaus um als Knappe (Knabe, Knecht) bei einem Ritter ausgebildet zu werden. Hier lernte er die verschiedenen Kampftechniken, den Umgang mit Waffen, aber auch höfisches Benehmen. Er musste tanzen können und sich den Damen gegenüber höflich verhalten, Brettspiele wie Schach beherrschen und gute Manieren beim Essen zeigen.

Ein Knappe begleitete seinen Ritter überall hin, in den Krieg oder auch zum Turnier, half ihm in die Rüstung, versorgte seine Verwundungen und bediente ihn bei einem Festmahl.

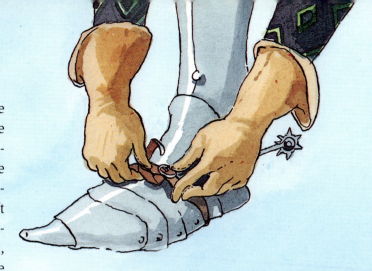

Die Schwertleite

Mit einundzwanzig Jahren nahm der Knappe an der feierlichen Zeremonie der Schwertleite teil, wenn er sich im Kampf und in seiner Charakterfestigkeit bewährt hatte. Er besuchte eine Messe in der Kirche, wo seine Waffen gesegnet wurden und wo er Gott um die Kraft bat, ein wahrhaft christlicher Ritter zu werden. Sein Herr, manchmal sogar der König, band ihm dann sein Schwert um und legte ihm seine Sporen an, die Zeichen des Ritterstandes.

Der Ritterschlag

Ab dem 14. Jahrhundert ließ ihn der Herr auch vor sich niederknien und berührte mit der flachen Seite des Schwertes leicht seine linke Schulter. Der Knappe war nun zum Ritter geschlagen.

Anschließend wurde ein großes Fest gefeiert und ein Turnier abgehalten, bei dem der junge Ritter seinen Mut und seinen geschickten Umgang mit den Waffen zeigen konnte.

Ritterturniere

Bei Turnieren, also Waffenspielen zu Pferd oder zu Fuß, übten sich die Ritter seit dem 11. Jahrhundert in den verschiedenen Arten des Kämpfens. Turniere waren ein spielerisches Training und boten gleichzeitig die Möglichkeit, in Friedenszeiten das Kämpfen nicht ganz zu verlernen. Ein Turnier zog aber auch viele Schaulustige, Gaukler und Musiker an. Kaiser und Könige veranstalteten sogar Turniere mit Tausenden von Teilnehmern und Zuschauern. Solche Turniere dauerten mehrere Tage und am Ende eines jeden Turniertags wurde abends ein Fest mit Musik und Tanz gefeiert.

Es gab mehrere Arten, miteinander und gegeneinander zu turnieren, das heißt zu kämpfen. Das Ziel war immer, die vollkommene Beherrschung der Pferde und Waffen zu zeigen.

Der Buhurt

Diese Art des Turniers erforderte Platz, denn es war ein Kampf zwischen zwei gleich großen Heeren. Der Kampf fand auf den Wiesen und in den Wäldern rund um die Burg statt und das Kampfgetümmel sah richtig echt aus. Wurde ein Ritter aus dem Sattel gestoßen oder verlor er seine Waffen, durfte der Sieger ihn vom Schlachtfeld führen. Außerdem gehörten dem Sieger Pferd, Rüstung und Waffen des Besiegten und manchmal bekam er auch ein hohes Lösegeld für seinen »Gefangenen«.

Das Kolbenturnier

Seit dem 14. Jahrhundert gab es Kolbenturniere. Hierbei kämpften zwei Ritter auf einem Turnierfeld gegeneinander, indem sie mit hölzernen Kolben auf den Harnisch, also den Brustpanzer, des Gegners einschlugen. Mit dem Schwert versuchten sie außerdem die Helmzier des Gegners abzuschlagen.

Der Tjost

Dies war das beliebteste und bekannteste Waffenspiel, der Zweikampf. Zwei Ritter jagten in vollem Galopp aufeinander zu und versuchten sich gegenseitig mit der Lanze aus dem Sattel zu heben. Im »scharfen« Tjost wurden normale, spitze Lanzen benutzt, wobei es zu Todesfällen kommen konnte. Daher wurde es vorgezogen, die Lanzenspitze mit einem »Krönlein« aus Holz oder Metall stumpf zu machen.

Turniertag

Viele Ritter kamen oft auf Einladung eines Burgherren aus allen Teilen des Landes zu einem Turnier. Sie wohnten teilweise auf der Burg, viele aber auch in extra aufgestellten Zelten am Fuß der Burgmauern.

Auf dem Kampfplatz war eine Tribüne errichtet, auf der die Ehrengäste und die festlich gekleideten Damen saßen. In prächtigen und sehr teuren Rüstungen traten die Ritter zum Kampf an. Das Turnier begann, wenn ein Herold die Namen und Verdienste aller Teilnehmer ausgerufen hatte. Manche Ritter holten sich vor dem Kampf von einer schönen Dame unter den Zuschauern ein Pfand, zum Beispiel ein Tüchlein oder einen Schleier, und kämpften dann nur für sie. Andere waren gekommen um als Sieger viel Turniergeld zu gewinnen. Wieder andere, weil es ihnen einfach Spaß machte oder weil sie sich mit anderen Rittern messen wollten.

War der Kampf vorbei und der Sieger stand fest, übergab eine edle Dame, die Turnierkönigin, den Preis. Dieser Preis konnten die Pferde des Gegners sein oder seine teure Rüstung.

Sport

Am Rand eines Turniers vergnügten sich auch die Bauern in Wettbewerben. Es gab den Wettlauf der Männer über fünfhundert und den der Frauen über zweihundert Schritt. Der Preis war ein besonders fest gewebtes, gutes Stück Tuch. Oder es fand ein Steinstoßen statt, bei dem auch schon einmal die adeligen Knappen mitmachten. Wer einen schweren Stein am weitesten werfen konnte, bekam einen wertvollen Silberbecher. Der Trostpreis für den Verlierer war immerhin eine Sau, von der eine Familie sich lange ernähren konnte. Deshalb sagen wir heute noch »Schwein gehabt«, wenn jemand Glück im Unglück hat.

Mach mit:

Mit Brief und Siegel

Jeder Brief und jede Urkunde wurde im Mittelalter mit einem Siegel versehen. Viele Menschen konnten nicht lesen. Am Siegel erkannten sie trotzdem, von wem die Urkunde war. Das Stück Pergament wurde vom unteren Rand bis zur Unterschrift fransig eingeschnitten, damit niemand mehr etwas hinzufügen und den Text damit fälschen konnte. Ein oder mehrere Siegel wurden angeheftet. Sie waren rund, adelige Damen benutzten aber oft auch ein ovales Siegel.

Ihr braucht:
☆ Pergamentpapier ☆ Buntstifte ☆ rotes Tonpapier ☆ (bunte) Kordel
☆ Schere ☆ Kleber

1. Wenn ihr gerade einen Knappen zum Ritter geschlagen habt, könnt ihr ihm eine Urkunde aushändigen, damit er seine ritterlichen Gebote nicht vergisst. Schreibt sie auf Pergamentpapier (Butterbrotpapier), das ihr vorher an allen vier Seiten abgerissen habt, sodass die Ränder unregelmäßig sind.

2. Das unbeschriebene Stück Papier unterhalb des Textes mehrfach einschneiden und das Pergament aufrollen.

3. Aus dem roten Tonpapier ein rundes oder ovales Siegel ausschneiden und mit einem Wappen oder eurem Namen bemalen.

4. Um die Papierrolle eine Kordel schlingen und verknoten. Die beiden Enden an das Siegel kleben.

RITTERLICHE GEBOTE

Sei treu und beständig,
sei freigebig und demütig,
sei mutig voller Güte,
achte auf dein Benehmen,
sei mächtig zu den Herren,
wohltätig zu den Armen.
Umgebe dich mit Weisen,
fliehe überall die Törichten,
vor allem liebe Gott,
richte weise gemäß seinem Gebot.

Lanzenstechen

Ihr braucht:
☆ 2 Mannschaften aus 4 und mehr Rittern   ☆ 2 Würfel   ☆ 4 und mehr Spielfiguren

Ein schnelles Würfelspiel für zwei Mannschaften ab vier Rittern. Bei zwei Spielern oder Spielerinnen kann jeder auch mehrere Ritter ins Turnier schicken, aber jeder sollte die gleiche Anzahl Ritter haben. Gespielt wird auf dem Spielfeld unten auf dieser Seite, das ihr euch auch abmalen könnt.

Spielbeginn
Die Ritter auf ihren Pferden haben ihre Lanzen im Anschlag und stehen sich in den Schranken gegenüber. Jeweils ein Ritter einer Mannschaft galoppiert los, indem er würfelt und um die Augenzahl weiterreitet.
Der Ritter, der von rechts kommt, fängt an.
Der Ritter von links würfelt dann und reitet um seine Augenzahl dem ersten Ritter entgegen.
Danach würfeln paarweise die anderen Ritter der beiden Mannschaften genauso.

Das Wappenfeld
Dieses Feld entscheidet den Zweikampf, denn hier wird einer der Ritter von der Lanze des anderen aus dem Sattel gestoßen.
Grundsätzlich gewinnt immer der Ritter das Lanzenstechen, der auf einen anderen Ritter auf dem Wappenfeld trifft.

Regeln
★ Würfeln also beide Ritter direkt eine Sechs und kommen gleich beim ersten Wurf auf das Wappenfeld, gewinnt der zweite Ritter. Der erste scheidet aus.

★ Brauchen beide Ritter mehrere Würfe, treffen sich aber direkt nacheinander auf dem Wappenfeld, gewinnt wieder der zweite Ritter und der erste scheidet aus.

★ Treffen sich die Ritter überhaupt nicht auf dem Wappenfeld und reiten aneinander vorbei, reihen sie sich wieder vorne ein und bereiten sich auf ihren nächsten Gegner vor.

★ Der Ritter, der als Letzter übrig bleibt, hat das Turnier gewonnen.

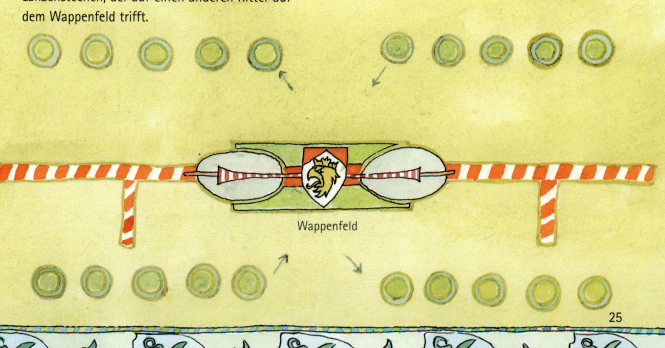

Wappenfeld

Von den letzten Rittern
Das Späte Mittelalter (1250–1500)

Im Späten Mittelalter bildeten sich die Staaten Europas weiterhin aus. Die Städte begannen zu blühen und ihre Kaufleute wurden bei Handelsgeschäften reich, die auch über Europa hinausgingen. Güter aller Art wurden aus Nordafrika und aus dem Orient eingeführt. 1275–1295 bereiste Marco Polo China und 1492 entdeckte Kolumbus Amerika, obwohl er eigentlich nur einen Seeweg nach Indien finden wollte. Die Welt wurde größer. Auch die Grenzen innerhalb Europas verschoben sich weiterhin, aber grundsätzlich waren die Staaten von heute schon zu erkennen.

Das Heilige Römische Reich
Dieses Reich war aus dem ostfränkischen Teil des Reiches Karls des Großen entstanden und bestand aus vielen Herzogtümern auf dem Gebiet des heutigen Deutschland und sogar darüber hinaus. Aus deren Adelshäusern wurden die Könige gewählt. Viele dieser Könige krönte der Papst in Rom zum Kaiser. Die Menschen fühlten sich als Franken, Sachsen, Thüringer, Bayern, Schwaben oder Friesen, aber noch nicht als Deutsche.

Frankreich
Im ehemaligen westfränkischen Teil des Reiches Karls des Großen gab es seit dem Frühen Mittelalter Königshäuser und die Königswürde wurde in der Familie weitervererbt.

England
Seit 1066 der Normanne Wilhelm der Eroberer englischer König geworden war, hatten die Franzosen mit ihrer Sprache, ihrem Rittertum, ihrer Literatur und Kunst großen Einfluss auf England ausgeübt. Und seit König Heinrich II., ein Nachkomme Wilhelms, 1152 die aquitanische Herzogin Eleonore geheiratet hatte, besaß der englische König Städte und Herzogtümer in Frankreich.

Auf die Dauer wollte der französische König jedoch nicht auf gut ein Drittel seines Reiches verzichten. Es gab immer wieder Krieg zwischen England und Frankreich.

Der berühmteste Krieg des Späten Mittelalters ist der Hundertjährige Krieg zwischen England und Frankreich, der 1339 begann und 1453 damit endete, dass England alle Besitzungen in Frankreich bis auf die Stadt Calais verlor. Natürlich war dieser Krieg nicht ein ununterbrochener Kampf zwischen beiden Ländern, sondern es gab in größeren Abständen viele kleinere Kriege um Städte oder Teile englischer Besitzungen.

Einen der glänzendsten Siege auf englischer Seite erreichte König Heinrich V. im Jahr 1415.

Die Schlacht von Agincourt

Im dritten Jahr der Regierung des Königs beginne ich dieses Tagebuch. Wir alle hoffen, dass der Krieg gegen die Franzosen mit Gottes Hilfe einen guten Ausgang haben wird.

17. Juni 1415, nachts. Unsere Flotte ist an der französischen Küste in der Seinemündung nahe bei Harfleur gelandet. Morgen werden wir die Stadt belagern. Wir brauchen sie als Stützpunkt gegen Frankreich.

8. Juli. Wir belagern Harfleur nun schon seit drei Wochen, aber die Stadt gibt nicht auf. Wir haben in diesem Sumpfland die ersten Kranken mit hohem Fieber und Durchfall.

29. Juli. Harfleur hat kapituliert. Wir haben gewonnen, aber ein Drittel unserer Leute ist bisher gestorben. Wir sind noch ungefähr 6000 Mann und haben nur noch unreife Früchte zu essen. Viele wollen nach Hause.

6. Oktober. Der König will jetzt auf dem schnellsten Landweg Richtung Norden nach Calais ziehen, damit wir auf englischen Boden kommen. Hoffentlich schaffen wir es. Wir müssen 150 Meilen durch französisches Gebiet!

24. Oktober. Wir haben heute die französische Armee gesehen. Wie ein riesiger Heuschreckenschwarm stand sie uns bei Agincourt im Weg, so kurz vor Calais! Wie sollen wir sie besiegen? Es müssen 50000 oder 60000 Mann sein. Wir sind zusammen nur 6000, darunter nur tausend Ritter! Wir anderen kämpfen mit den Langbogen zu Fuß.

24. Oktober, nachts. Die Franzosen machen solchen Lärm, als ob sie bereits Sieger wären. Sie lachen und johlen, wahrscheinlich haben sie sogar Wein zu trinken. Ah, ein Becher Wein!

25. Oktober, sehr früh am Morgen. Der Priester hat gerade mit uns eine Messe gelesen und der König hat uns ermutigt. Er sah unbesiegbar aus, wie er da in seiner glänzenden Rüstung stand, auf dem Helm die goldene Krone. Auf seinem Waffenrock glitzerten kostbare Steine in Form der Wappen von England und Frankreich. »Seid tapfer und kämpft mit aller Kraft«, sagte der König. »Gott und unsere gerechte Sache werden dafür sorgen, dass diese stolzen Feinde bald unserer Gnade ausgeliefert sein werden.«

Wo nimmt der König nur seinen Mut her?

26. Oktober. Wir haben es geschafft! Wir haben gestern in wenigen Stunden die riesige Armee besiegt! Unsere Langbogen haben die Ritter aus den Sätteln geworfen. Es war ein wahrer Pfeilhagel. Wir haben 500 Mann verloren, aber die Franzosen allein 6000 Ritter, ganz zu schweigen von den Fußsoldaten. Viele adelige Gefangene gehen jetzt mit uns nach England. Wir bekommen ziemlich viel Lösegeld für sie …

König Heinrich V. hielt einen triumphalen Einzug in London. Aber er war ein sehr frommer Mann und glaubte fest, dass Gott sein Kriegsglück gelenkt hatte. Aus Bescheidenheit und Demut, aus wahrhaften Rittertugenden heraus, kleidete er sich beim Triumphzug als einziger nicht in seine prächtige Rüstung, sondern in ein einfaches Gewand in der Farbe Lila, der kirchlichen Farbe der Trauer. Er erwies damit allen Toten des Kampfes Achtung und die Londoner respektierten und liebten ihn dafür umso mehr.

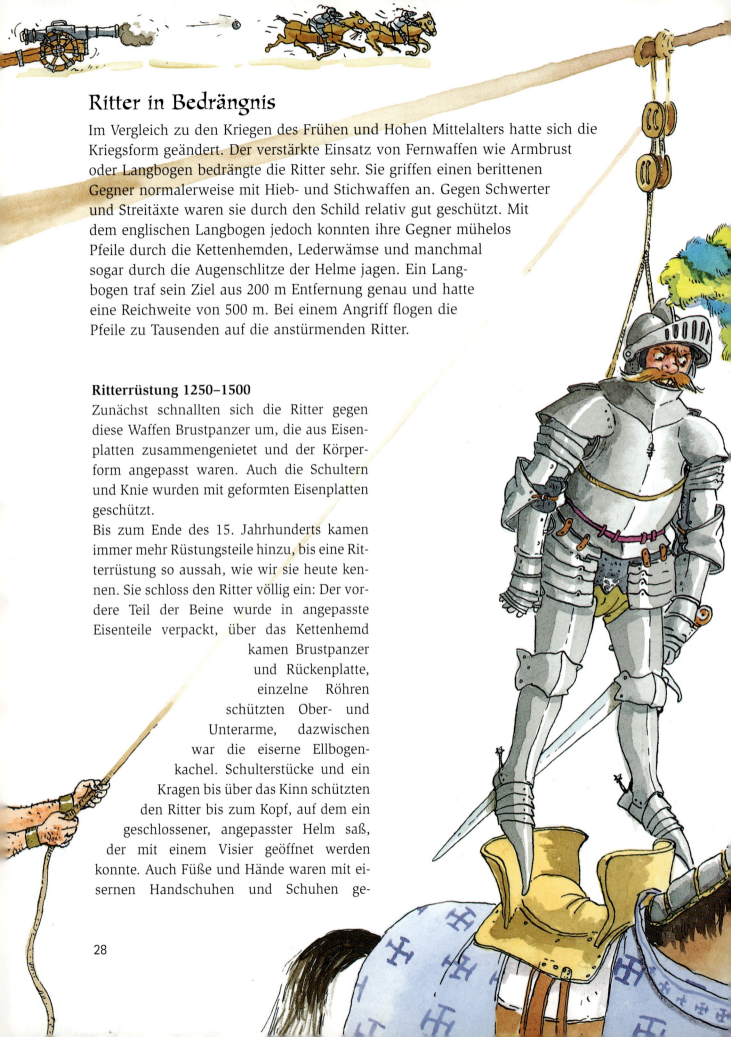

Ritter in Bedrängnis

Im Vergleich zu den Kriegen des Frühen und Hohen Mittelalters hatte sich die Kriegsform geändert. Der verstärkte Einsatz von Fernwaffen wie Armbrust oder Langbogen bedrängte die Ritter sehr. Sie griffen einen berittenen Gegner normalerweise mit Hieb- und Stichwaffen an. Gegen Schwerter und Streitäxte waren sie durch den Schild relativ gut geschützt. Mit dem englischen Langbogen jedoch konnten ihre Gegner mühelos Pfeile durch die Kettenhemden, Lederwämse und manchmal sogar durch die Augenschlitze der Helme jagen. Ein Langbogen traf sein Ziel aus 200 m Entfernung genau und hatte eine Reichweite von 500 m. Bei einem Angriff flogen die Pfeile zu Tausenden auf die anstürmenden Ritter.

Ritterrüstung 1250–1500

Zunächst schnallten sich die Ritter gegen diese Waffen Brustpanzer um, die aus Eisenplatten zusammengenietet und der Körperform angepasst waren. Auch die Schultern und Knie wurden mit geformten Eisenplatten geschützt.

Bis zum Ende des 15. Jahrhunderts kamen immer mehr Rüstungsteile hinzu, bis eine Ritterrüstung so aussah, wie wir sie heute kennen. Sie schloss den Ritter völlig ein: Der vordere Teil der Beine wurde in angepasste Eisenteile verpackt, über das Kettenhemd kamen Brustpanzer und Rückenplatte, einzelne Röhren schützten Ober- und Unterarme, dazwischen war die eiserne Ellbogenkachel. Schulterstücke und ein Kragen bis über das Kinn schützten den Ritter bis zum Kopf, auf dem ein geschlossener, angepasster Helm saß, der mit einem Visier geöffnet werden konnte. Auch Füße und Hände waren mit eisernen Handschuhen und Schuhen geschützt. Alle Rüstungsteile zusammen wogen bis zu 40 Kilogramm.

Nur mit Hilfe seines Dieners oder Knappen konnte ein Ritter eine solche Rüstung anlegen und manchmal musste er auf sein Pferd gehoben werden, weil er nicht selbst aufsteigen konnte. Fiel ein Ritter beim Kampf aus dem Sattel, hatten seine Feinde leichtes Spiel mit ihm.

Ritter werden unmodern

Die ritterliche Art des Kampfes Mann gegen Mann war auf die Dauer überholt. Im 15. Jahrhundert mehrten sich in Europa Kriege, in denen auch Scharen von Rittern sich nicht mehr wirkungsvoll gegen Fußsoldaten wehren konnten, die mit Piken, Armbrüsten oder sogar den ersten Feuerwaffen, den Gewehren, bewaffnet waren. Zunehmend wurden die Kriege mit Berufssoldaten (Landsknechten) und Söldnerheeren geführt. Ritter hatten nach 700 Jahren auf dem Schlachtfeld keine Bedeutung mehr.

Im 14. und 15. Jahrhundert kam es durch Missernten zu Hungersnöten und durch Seuchen wie die Pest zu Massensterben. Der Landwirtschaft fehlten die Arbeitskräfte und die Ritter verarmten. Viele wurden Raubritter oder zogen in Banden los um reiche Städte oder Grundbesitzer zu überfallen.

Eine grundsätzliche wirtschaftliche Veränderung begann in Europa, denn Städte und Handel wurden wichtiger als Lehnsherren und Landwirtschaft. Die Bürger spielten eine immer größere Rolle in der Gesellschaft.

Ritterbruderschaften

Gegen diesen Niedergang der ehemals so edlen Ritterschaft versuchte der europäische Hochadel Ende des 15. Jahrhunderts einzuschreiten. Neue Ritterorden und Ritterbruderschaften entstanden, in denen die alten Rittertugenden wieder auflebten. Aber wie schon am Anfang des Hohen Mittelalters fehlte den Rittern die wirkliche Aufgabe, sodass sie sich auf Feste und Turniere beschränkten. Die glänzendsten Turnierrüstungen, die wir heute bewundern, stammen aus dieser Zeit.

Der letzte Ritter

Der Habsburger Kaiser Maximilian I. (1459–1519) hatte im Kriegsfall zwar auch ein Berufsheer aus Landsknechten und Söldnern, aber er wurde schon von seinen Zeitgenossen zu Recht der »letzte Ritter« genannt. Er war wirklich daran interessiert, das ritterliche Leben und die Tugenden der Vergangenheit wieder zu beleben und seinen Zeitgenossen ein ritterliches Vorbild zu sein. Seine Turnierfeste übertrafen an Pracht und Glanz die der anderen Fürstenhöfe Europas.

Ritterburgen
Wohngebäude und wehrhafte Anlagen

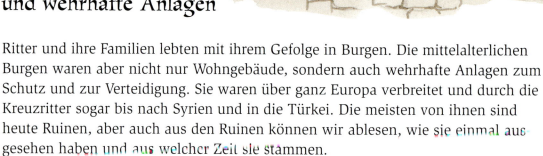

Ritter und ihre Familien lebten mit ihrem Gefolge in Burgen. Die mittelalterlichen Burgen waren aber nicht nur Wohngebäude, sondern auch wehrhafte Anlagen zum Schutz und zur Verteidigung. Sie waren über ganz Europa verbreitet und durch die Kreuzritter sogar bis nach Syrien und in die Türkei. Die meisten von ihnen sind heute Ruinen, aber auch aus den Ruinen können wir ablesen, wie sie einmal ausgesehen haben und aus welcher Zeit sie stammen.

Die ersten Burgen

Vom 9. bis 11. Jahrhundert wurden Fluchtburgen und befestigte Herrensitze gebaut, die so genannten »Motten«. Auf einem aufgeschütteten Erdhügel wurde ein hölzerner Turm errichtet, der mit einem Palisadenzaun umgeben war. Am Fuß des Hügels lag eine Vorburg mit Wirtschaftsgebäuden und Ställen. Um den ganzen Hügel zog sich ein Graben, der oft mit Wasser gefüllt wurde. Für den Bau einer Motte brauchten hundert Mann etwa zwanzig Tage.

Wohntürme

Ab dem 11. Jahrhundert wurden die Türme der Motten nicht mehr aus Holz, sondern aus Stein gebaut. Es entstand die Turmburg (englisch *keep*, französisch *donjon*), das Kernstück jeder späteren Ritterburg. Typisch war ein Eingang, den man nur über eine Leiter erreichen konnte. Bei einem Angriff wurde die Leiter einfach eingezogen.

Eine solche Turmburg hatte oft vier Geschosse: ein Kellergeschoss mit Vorratslagern, darüber ein Küchen- und Wirtschaftsgeschoss mit Wachstube. Hier befand sich auch der Eingang. Darüber waren die beiden Geschosse mit dem Großen Saal und den Wohnräumen des Burgherrn. Die steinernen Wendeltreppen in den Außentürmen führten hinauf zur Kampfplattform auf dem Dach. Solch eine Turmburg, Balduinseck, steht im Hunsrück mitten im Wald und wurde 1325 vom Trierer Erzbischof Balduin zum Schutz seines Fürstbistums erbaut.

Ritterburg

Ab dem 13. Jahrhundert wurden die Turmburgen mit weiteren Schutzmauern versehen. Sie standen hoch oben auf einem Berg oder waren auf einer Insel als Wasserburg gebaut. Grundsätzlich bestanden sie aus dem Bergfried innerhalb der Schildmauer, der im Angriffsfall der Zufluchtsturm war und unter dem das Burgverlies lag, außerdem aus den Wohn- und Wirtschaftsgebäuden und dem Brunnen innerhalb der äußeren Ringmauer. In der Ringmauer befand sich auch das trutzige Torhaus mit dem Fallgitter. Vom Torhaus aus konnte die Zugbrücke hochgezogen werden, die über dem Burggraben lag. Die Ringmauer war außerdem mit mehreren Türmen verstärkt, die oben mit Zinnen abschlossen. Innen lief hoch oben an der Mauer ein hölzerner Wehrgang entlang.

Burg Eltz

Palas

In Deutschland wohnte ein Burgherr im Palas. Hier befand sich der große Saal, in dem sich das tägliche Leben abspielte und wo auch geschlafen wurde. Ab dem 12. Jahrhundert wurden Privaträume für den Burgherrn und seine Familie immer häufiger angebaut oder der Palas um ein Stockwerk erhöht. Außerdem gab es eine Küche, eine Kapelle und ab dem 14. Jahrhundert oft auch eine Bibliothek, in der die Kinder von einem Hausgeistlichen unterrichtet wurden. In den Wirtschaftsgebäuden befand sich alles, was die Burg und ihre Bewohner brauchten: Brunnen, Vorratslager und Ställe, eine Schmiede und andere Werkstätten.

Burg Eltz

Gab es mehrere Familienlinien, die trotzdem weiter auf der Burg leben wollten, wurde wegen des geringen Platzes auf einem Berg der Palas oft zunächst durch mehrere Stockwerke erhöht und danach zusätzlich im Burghof Haus an Haus gebaut. Das ist zum Beispiel besonders schön bei der Burg Eltz an der Mosel zu sehen, die zum Schutz der Moselwege wohl um 1157 erbaut worden ist. Vom 13. bis zum 16. Jahrhundert wurden zum alten Wohnturm noch sieben turmartige Gebäude im Burghof angebaut, sodass die ganze Anlage heute verschachtelt aussieht. Die Burg besitzt sogar eine Schatzkammer.

Übrigens: An Burggespenster glaubten die mittelalterlichen Menschen noch nicht. Sie wurden erst sehr viel später erfunden, als dunkle, unbewohnte Burgruinen auf den Bergen den Menschen Furcht einflößten, besonders wenn sich der Wind in den leeren Gängen verfing und seltsame, schaurige Geräusche machte.

Angriff auf eine Burg

Bollwerk

Hatten die Wächter auf den Zinnen einen Feind erspäht, wurde Alarm gegeben und die Zugbrücke hochgezogen. Kochendes Wasser, Pech und heißes Öl erwarteten die Feinde, denn durch breite Spalten an den hervorstehenden Zinnen oder durch Pechnasen wurde es ihnen auf den Kopf geschüttet. Versuchten die Feinde über Sturmleitern in die Burg zu gelangen, traf sie ein Pfeilhagel von den Zinnen und aus den Schießscharten. Die Zinnen waren so gebaut, dass man hinter ihnen Schutz fand und trotzdem durch die Zwischenräume Pfeile oder Armbrustbolzen abschießen konnte.

Belagerung

Es gab verschiedene Wege, in eine Burg zu gelangen. Manchmal füllten die Feinde die Gräben um die Burg mit Holzstämmen auf, bis sie fahrbare Holztürme nahe genug heranschieben konnten um über die Zinnen zu klettern oder mit einer Ramme das Burgtor einzuschlagen.

Oder sie versuchten unter der Mauer oder den Türmen her Stollen oder Tunnel zu graben. Diese wurden mit Reisig gefüllt, der in Öl oder Schweinefett getaucht war, und das Ganze wurde angezündet. Brach dann der Stollen ein, wenn der Reisig verbrannt war, wurden die darüber liegenden Mauern zu schwer für den hohlen Tunnel und stürzten auch ein.

Für die Verteidiger war es am schlimmsten, wenn brennende Pfeile oder Geschosse aus Katapulten den Wohnbereich der Burg trafen und niederbrannten. Oft verbrannten dabei auch die Nahrungsvorräte.

Ab dem 15. Jahrhundert wurden riesige Wurfschleudern eingesetzt, die Bombarden, die zentnerschwere Steine auf die Mauern schleuderten.

Aufgaben eines Burgherrn

Ein Burgherr musste als Herrscher über sein Lehen vielen Pflichten nachkommen. Dafür standen ihm, wenn er reich genug war, oft Mitarbeiter zur Seite. So gab es den Verwalter, den Leibkoch, den Mundschenk, den Waffenmeister oder den Jagdaufseher. Viele Burgen besaßen auch eine Vogtei, also die Verwaltung und das Gericht des Lehens, denn der Burgherr musste seinem Lehnseid zufolge auch im Namen des Königs Recht sprechen.

Landwirtschaft

Weil die Bewohner einer Burg von der Landwirtschaft lebten, musste natürlich über alles genau Buch geführt werden. Schreiber wurden beschäftigt, die Urkunden über Verpachtungen ausstellten und Steuern und Pachtzahlungen überwachten. Sie schrieben auch genau auf, wie viel Stück Vieh geschlachtet wurden, wie viel Schweinefleisch für den Winter eingepökelt wurde oder welcher Pächter eine Geldbuße gezahlt hatte, weil sein Sohn auf einem anderen Gut arbeitete. Haushaltslisten wurden erstellt, aus denen ersichtlich war, wie viel Kerzen pro Nacht benötigt wurden oder wie viel eine neue Rüstung für den Burgherrn gekostet hatte.

All dies überwachte der Burgherr. Er musste sich auch um Verbesserungen kümmern, Mühlen bauen lassen oder Rodungen anordnen, damit mehr Land genutzt werden konnte. Das gerodete Holz war gut zu verkaufen, denn Häuser, Schiffe und viele andere Dinge wurden aus Holz hergestellt.

Straßen und Märkte

Ein kluger Burgherr sorgte sich auch um den Ausbau und den Schutz der Straßen in seinem Lehen. Hatte er zum Beispiel Marktrecht in einigen seiner Dörfer, den Marktflecken, brachte ihm das Geld ein. Die fahrenden Händler und die Bauern mussten ihm nämlich für das Recht, auf einem seiner Märkte ihre Waren zu verkaufen, Abgaben zahlen. Für beide Seiten war es daher wichtig, dass die Straßen vor Überfällen durch Räuberbanden geschützt waren.

Immer unterwegs

Manche Adeligen besaßen mehrere Lehen und mussten persönlich nach dem Rechten sehen. Sie reisten von einer ihrer Burgen zur nächsten um ihre Macht zu zeigen, sprachen Recht, kümmerten sich um Steuern und Abgaben. Ihr Gefolge und ihr Haushalt reiste mit. Oft wurden Möbel oder sogar Glasfenster, die zu teuer waren um sie auf jeder Burg zu haben, mitgenommen, damit für die Bequemlichkeit der Burgherren gesorgt war.

Mach mit:
Burgtheater

Schon im 12. Jahrhundert waren Gaukler unterwegs, die mit Handpuppen oder Stockpuppen kleine Theaterstücke vorführten. Wie so vieles andere war auch das Puppenspiel aus dem Morgenland gekommen. Ein Burgtheater ist ziemlich einfach zu bauen.

Ihr braucht:
- 1 großen rechteckigen Pappkarton (ungefähr 80 x 40 x 40 cm)
- Schere
- Klebeband
- 2 Schaschlikspieße oder etwas dickere Stöckchen
- 2 Holzperlen
- Papier
- Buntstifte

1. Eine lange Seitenwand und den halben Deckel aus dem Karton herausschneiden. Aus der anderen Hälfte des Deckels das mittlere Stück (40–50 cm) herausschneiden. Die beiden seitlichen Teile hochklappen und am oberen Rand mit Zinnen versehen, sodass sie wie zwei Türme aussehen.

2. Damit die Türme nicht wieder herunterklappen, zwei Fahnenstangen aus den Schaschlikspießen oder Stöckchen mit Klebeband dahinter befestigen. Zwei Fahnen auf Papier malen, ausschneiden und an die Stangen kleben, sodass sie über den Türmen zu sehen sind. Auf die Spitzen der Fahnenstangen Holzperlen stecken. Auf und zwischen den Türmen ist die Bühne.

3. Den Karton von außen bemalen, sodass er wie eine Burg aussieht. Ihr könnt ihn auch mit einem Stück Stoff zuhängen, sodass nur die Türme oben hervorschauen. Dann solltet ihr aber den Stoff mit einem Wappen verzieren.

4. Gespielt wird mit höchstens zwei Spielern und vier Puppen, denn mehr Arme passen nicht hinter die Bühne.

Stockpuppen

Ihr braucht:
☆ Schaschlikspieße ☆ festes Papier ☆ Buntstifte ☆ Schere
☆ Klebeband

1. Denkt euch eine gute Rittergeschichte aus, zum Beispiel über einen Drachen, der einen Schatz bewacht oder eine Dame gefangen hält, oder über einen Ritter, der seine Burg verteidigen muss.

2. Dann malt ihr alle Figuren, die ihr braucht, (Ritter, Knappen, Könige, Königin, Hofdamen, Musiker, Bauern, Drachen usw.) auf festem Papier auf und schneidet sie aus. Die Figuren sollten nicht höher als 15–20 cm sein.

3. Jede Figur mit Klebeband an einem Schaschlikspieß festmachen.

Wächter Kuno bläst vom Turm

Ihr braucht:
☆ 1 Würfelbecher ☆ 3 Würfel ☆ 2–6 Wächter

1. Den Becher mit zwei Würfeln schütteln und so umstülpen, dass beide Würfel darunterliegen. Den dritten Würfel so auf den Becher legen, dass die Fünf nach oben zeigt und die Eins euch ansieht.

2. Tief Luft holen und den Würfel vom Becher herunterblasen.

3. Die Augenzahl des heruntergeblasenen Würfels mit der Summe der Augenzahlen unter dem Becher malnehmen. Das machen reihum alle Spieler. Wer die höchste Zahl hat, gewinnt. Wenn ihr mehrere Runden spielt, die einzelnen Ergebnisse einfach zusammenzählen.

Unterhaltung auf der Burg

Auf einer Burg gab es viele Möglichkeiten der Unterhaltung. Obwohl die Menschen viele Pflichten und wenig Freizeit hatten, fanden sie doch auch im Alltag immer Gelegenheiten zum Spielen, zum Geschichtenerzählen oder zum Musizieren. Besonders aufregend war es, wenn ein fahrender Sänger ans Burgtor klopfte, denn er brachte nicht nur neue Lieder mit, die er abends in der Halle nach dem Essen vortrug. Er kam viel herum und konnte deshalb auch die neusten Nachrichten aus der Welt erzählen, von politischen Ereignissen bis hin zu den neuesten Moden der Damen an anderen Fürstenhöfen.

Natürlich sah die Unterhaltung im Sommer und im Winter unterschiedlich aus. Im Sommer vergnügte man sich lieber draußen, an den langen Winterabenden saß man am Kamin und freute sich über jede Abwechslung.

Frühling

Gab es die ersten warmen Sonnenstrahlen, zog es besonders die Frauen einer Burg nach draußen. Dann saßen sie mit ihren Stickrahmen oder Spindeln im Burggarten, wobei sie sich Geschichten erzählten oder Rätsel aufgaben.

Oft wurde auch gesungen und dabei getanzt, zum Beispiel der Reigen oder die Farandole, die zu den ältesten Tänzen gehören, die wir kennen. Die Tänzer fassten sich an den Händen und bildeten beim Reigen einen Kreis, bei der Farandole eine lange Kette. Und dann hüpften, stampften oder schritten sie zu einer rhythmischen Musik im Kreis herum oder durch den ganzen Garten und sangen die oft sehr lustigen Liedtexte laut mit.

Sommer

Wenn es ab Mai wirklich warm wurde, zogen Ritter und Edelfrauen auf Pferden zu einem Picknick ins Grüne. Koch und Mundschenk, Pagen und Dienerinnen begleiteten sie und bauten auf einer schönen Blumenwiese Tische und Bänke auf, sodass daran die köstlichsten Speisen gegessen werden konnten. Ringewerfen, Kegeln, Boule oder Blindekuh wurden gerne gespielt. Aber es wurde auch wieder auf mitgebrachten Instrumenten musiziert und dazu getanzt und gesungen.

Herbst und Winter

Wenn es draußen kälter wurde, saßen die Burgbewohner abends am Kamin und spielten Brettspiele wie Schach, Dame, Mühle oder Puff (Backgammon).

Würfelspiele wie Hasard oder Raffel, Kartenspiele wie Karnöffel und das Pochspiel wurden richtig spannend, weil sie oft um Geld gespielt wurden.

Wenn Schnee lag und es ein sonniger Tag war, dann gingen Ritter und Edelfrauen hinaus um eine Schneeballschlacht zu veranstalten. Dabei wurde genauso viel gelacht wie heute.

Um sich wieder aufzuwärmen, wurden Geschichten am Kaminfeuer erzählt, und wenn draußen der Sturm um die Burg pfiff, waren die Abenteuer der Artusritter noch viel spannender anzuhören als an einem Sommertag.

Vielleicht gehörte der Burgherr auch zu denen, die in Friedenszeiten selbst Lieder dichteten und komponierten, so wie vor ihm schon viele adelige, ritterliche Minnesänger, wie Wilhelm von Aquitanien. Dann kam natürlich noch ein besonderer Reiz und Spaß hinzu, denn Künstler von nah und fern besuchten ihn gern auf seiner Burg um mit ihm zu wetteifern.

Der »Sängerkrieg« auf der Wartburg

So geschah es im Winter 1206/1207 auf der Wartburg über Eisenach in Thüringen, einer der schönsten Burgen in Deutschland. Hermann, Landgraf von Thüringen, hatte zu einem Wettstreit eingeladen und sieben der berühmtesten Minnedichter der Zeit kamen, zwei von ihnen Walther von der Vogelweide (1170–1230) und Wolfram von Eschenbach (1170–1220). Ziel eines solchen Wettstreits war es, anzuhören, was ein Sänger in Versen sang, und ihm dann sofort mit eigenen Versen zu antworten. Gab ein Sänger sich geschlagen, weil ihm im wahrsten Sinne »die Worte fehlten«, dann hatte der andere natürlich gewonnen.

Wer hat auf der Wartburg gewonnen? Wir wissen es nicht, denn wie mit so vielen »wirklichen« Ereignissen des Mittelalters müssen wir heute auch mit dieser Geschichte vorsichtig sein. Das Ereignis war so außergewöhnlich, die Sänger so berühmt, dass es plötzlich in den Erzählungen der Leute mehr Sänger waren, als sich tatsächlich auf der Burg getroffen hatten. Wahrscheinlich waren es nur Walther und Wolfram und sonst niemand. Verdächtig ist uns zumindest heute, dass einer der Sänger Klingsor aus Ungarn gewesen sein soll. Aber der war in Ungarn als ein märchenhafter Zauberer bekannt und hat wohl nie gelebt …

Mach mit:
Schwarze Ritter greifen an

Ihr braucht:
✩ 1 Spielbrett ✩ 2 weiße und 24 schwarze Spielsteine (aus einem Dame- oder Mühlespiel)

1. Für das Spiel aus dem 14. Jahrhundert zuerst das Spielbrett wie auf dieser Seite unten links aufmalen (ungefähr 40 x 40 cm).

2. Die oberen neun Felder sind die Burg, auf den übrigen 24 Feldern steht je ein schwarzer Ritter. Diese Ritter dürfen immer nur ein Feld vorwärts ziehen.

3. Die beiden weißen Ritter stehen an den inneren Eckpunkten und verteidigen die Burg. Sie dürfen in alle Richtungen ziehen, aber immer nur um ein Feld. Sie können die schwarzen Ritter schlagen und vom Feld nehmen, indem sie über sie springen, wenn hinter ihnen ein Feld frei ist. Vergisst ein weißer Ritter zu schlagen, wird er vom Spielfeld genommen.

4. Die schwarzen Ritter haben gewonnen, wenn sie die Verteidiger so einschließen, dass sie sich nicht mehr bewegen können, oder wenn sie alle neun Felder in der Burg erobert haben.

5. Die weißen Ritter haben gewonnen, wenn sie mindestens 16 schwarze Ritter geschlagen haben. Dann sind nur acht übrig, die nicht mehr neun Felder der Burg besetzen können.

Raffel

Ihr braucht:
✩ 1 Würfelbecher ✩ 3 Würfel
✩ ab vier Spieler

Bei diesem Würfelspiel aus dem 13. Jahrhundert wurde um Geld gespielt. Ihr könnt um Bonbons oder Nüsse spielen, wobei jeder die gleiche Anzahl in den Topf legt.
Ein Spieler würfelt so lange, bis er zwei Würfel mit der gleichen Zahl hat. Dann würfelt er mit dem dritten noch einmal und zählt das Ergebnis zusammen.
Danach würfeln alle Spieler nacheinander genauso. Der Spieler mit dem höchsten Ergebnis gewinnt den Topf. Gibt es mehrmals dasselbe Ergebnis, wird noch einmal um den Topf gespielt.

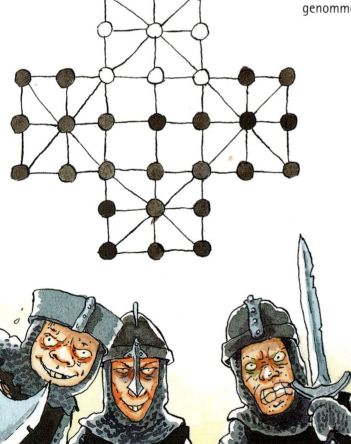

Wurfspiel um die Königin

Ihr braucht:
✰ 2 Holzbälle oder Tennisbälle pro Spieler   ✰ 1 kurzen Holzstab   ✰ 2 und mehr Spieler

1. Den Holzstab in die Erde stecken. Er stellt die Königin dar. In nicht zu weiter Entfernung davon stellen sich die Spieler auf.

2. Jeder Spieler kennzeichnet seine Bälle mit einer anderen Farbe.

3. Die Spieler versuchen nacheinander ihre Bälle nah an die Königin zu werfen oder sie sogar zu treffen. Sie versuchen auch, die Bälle der anderen dabei zu treffen und von der Königin wegzuschieben.

4. Wenn alle Bälle geworfen sind, werden die Punkte gezählt. Ein Treffer auf die Königin zählt 2 Punkte. Der Spieler, dessen Ball der Königin am nächsten liegt, bekommt einen Punkt, sind seine beiden Bälle die nächsten, bekommt er 2 Punkte.

Rätsel

Erst weiß wie Schnee, dann grün wie Klee, dann rot wie Blut, schmeckt allen gut.
(EHCSRIK)

Ein Haus voll Essen, die Tür vergessen.
(IE)

Einem jeden zeigt's ein anderes Gesicht und hat doch selbst keins.
(LEGEIPS)

Es gehört mir, aber die anderen gebrauchen es mehr als ich.
(EMAN NIEM)

Es sieht aus wie eine Katze, hat Haare wie eine Katze, fängt Mäuse wie eine Katze – und ist doch keine Katze.
(RETAK)

Eine winzige Tür, aber die ganze Welt kann hindurchgehen.
(EGUA)

Je mehr es bekommt, desto hungriger wird es. Hat es alles gefressen, stirbt es.
(REUEF)

Die Burgherrin

Manchmal scheint es so, als ob die Frauen der Ritter vornehme Damen waren, die sich Liebeslieder vorsingen ließen und den ganzen Tag von ihren Hofdamen verwöhnt wurden. Vielleicht war es bei manchen der adeligen Burgherrinnen auch so. Für die Mehrzahl der uns bekannten Edelfrauen des Mittelalters sah das Leben jedoch ganz anders aus.

Frühe Heirat

Mittelalterliche Menschen wurden normalerweise nicht so alt wie heute. Vierzig Jahre bedeuteten schon ein hohes Alter. Ein junges Mädchen wurde also so früh wie möglich, im Alter von ungefähr vierzehn Jahren, verheiratet. Ihr Vater hatte manchmal schon sehr früh den Ehemann ausgesucht, manche Kinder waren sogar schon als Säuglinge miteinander verlobt worden. Die Heirat war in adeligen Kreisen eine politische Entscheidung, weil Macht und Einfluss »mitgeheiratet« wurden. Je mehr Ländereien, vielleicht sogar ein ganzes Herzogtum, ein Mädchen als Mitgift ihres Vaters in die Ehe brachte, umso begehrter war sie. Andererseits war diese Mitgift eine Versorgung für sie selbst, wenn sie eines Tages Witwe werden sollte, denn die Einkünfte aus den Gütern gehörten ihr.

Junge Herrin

Die wichtigste Aufgabe einer jungen Burgherrin war es, besonders männliche Kinder zu bekommen, damit die Familienlinie fortgesetzt werden konnte. In manchen Ländern des Mittelalters, zum Beispiel in England, konnten nur Jungen die Erben eines Lehens, Herzogtums oder Königreiches sein.

Als Ehefrau war eine Burgherrin für Küche und Wohnbereich zuständig. Sie verwaltete die Gelder, die für den Einkauf von Vorräten benötigt wurden, und sorgte für einen günstigen Verkauf der landwirtschaftlichen Produkte der Burg. Sie kümmerte sich darum, wo Gäste untergebracht wurden, und richtete die Feste aus. Für diese Arbeiten standen ihr Bedienstete zur Seite, wie Verwalter, Küchenmeister, Mägde, Zofen und eine Amme für die Kinder. Oft kümmerte sie sich zusätzlich noch um ihre eigenen Ländereien.

Aufgaben einer Edelfrau

Wenn ein Burgherr in den Krieg oder auf einen Kreuzzug zog, musste die Burgherrin während seiner Abwesenheit alle Aufgaben ihres Mannes manchmal über sehr lange Zeit mit übernehmen. Sie verantwortete nun alle Entscheidungen über die Burg und die Ländereien, sie sprach sogar Recht in Streitfällen. Wurde in Kriegszeiten die Burg selbst angegriffen, musste sie die Verteidigung organisieren und, wenn nötig, selbst auch mitkämpfen.

Arme und Kranke

Eine sehr wichtige Aufgabe war es auch, den Armen und Kranken zu helfen, und davon gab es mehr als genug. Viele adelige Frauen kannten sich daher mit heilenden Kräutern aus, die in ihrem Garten wuchsen, pflegten die Kranken und verteilten Almosen unter die Armen.

Freizeit?

Auch in ihren wenigen Mußestunden betätigte sich eine Burgherrin noch. Dazu ging sie in die Kemenate (von Lateinisch *caminata*), einen Raum, der mit einem Kamin beheizbar war. Hier war oft auch das große Bett mit den schweren Vorhängen, die gegen die Kälte und gegen neugierige Blicke von Dienstboten rundherum zugezogen werden konnten. Tagsüber wurde es wie ein Sofa benutzt.

Die Kemenate hatte oft weiß getünchte Wände und größere Fenster mit breiten Fensternischen, in denen die Frauen direkt am Licht Stick- oder Webarbeiten ausführen konnten. Sticken, Weben und Spinnen waren sehr angesehene Tätigkeiten. Eine der Frauen las dabei vielleicht auch Geschichten über die Artus-Ritter vor.

Erziehung der Töchter

Von klein auf lernten die Mädchen, was sie brauchten, um eine würdige Burgherrin zu werden. Es wurde zwar allgemein in der mittelalterlichen Männerwelt als gefährlich angesehen, wenn sie auch lesen, schreiben und rechnen konnten, aber viele lernten es trotzdem. Sie hätten ja sonst nur mit der Hilfe eines vielleicht betrügerischen Beraters oder Verwalters die Geschäfte weiterführen können, wenn der Burgherr in den Krieg zog.

Angenehmes Zuhause

Zur Erziehung der Töchter gehörte natürlich auch, dass sie sticken, malen, musizieren oder reiten konnten und eine zugige, kalte Burg in ein angenehmes Zuhause verwandelten. Mit Wappen der Familie oder mit Szenen aus Ritterromanen eigenhändig bestickte, leuchtend bunte Wandbehänge oder kostbare Stoffe und Teppiche, die teilweise quer durch einen Raum aufgehängt wurden um ihn kleiner und wärmer zu machen, verschönerten die kahlen Wände einer Burg. Duftende Binsen und Kräuter wurden gegen Feuchtigkeit und Schmutz auf den Boden gestreut.

Mach mit:

Teppich weben

Ihr braucht:

✩ 4 runde Holzstäbe (von Martinsfackeln) ✩ Kordel ✩ 1 großen Kamm
✩ Wollreste, in Streifen geschnittene Stoffreste, Bast, biegsame dünne Zweige (Birken usw.), Strohhalme

1. Die Stöcke an den Enden über Kreuz mit Kordel umwickeln und so verknoten, dass ein fester Rahmen entsteht.

2. Zwei gegenüberliegende Seiten werden mit einem Faden verspannt, das heißt, um den unteren Stock wird ein Faden geknotet, nach oben geführt, einmal um den oberen Stock gewickelt, nach unten geführt, einmal um den unteren Stock gewickelt usw., bis der ganze Rahmen voll senkrechter Fäden ist.

3. Jetzt die verschiedenen Materialien durch die Fäden weben und immer nach einer fertigen Reihe das Gewebte mit dem Kamm aneinander drücken.

4. Ist der Teppich fertig, vorsichtig die senkrechten Fäden vom Rahmen abschneiden und zu mehreren Fransen verknoten, damit die Weberei sich nicht auflöst.

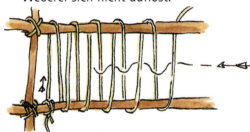

Stickerei für adelige Damen

Ihr braucht:

✩ 1 runden Stickrahmen ✩ buntes Garn ✩ 1 Stück Stoff ✩ 1 stumpfe Sticknadel

1. Statt Bilder zu malen, könnt ihr sie auch sticken. Spannt euer Stoffstück in den Rahmen ein. Wählt eine Farbe und fädelt den Faden in die Nadel. Er sollte nicht zu lang sein, sonst verheddert ihr euch.

2. Steckt die Nadel von unten nach oben in den Stoff und zieht sie heraus. Ein Stückchen weiter steckt ihr sie wieder von oben durch den Stoff und zieht sie nach unten. Jetzt habt ihr einen geraden Strich mit dem Faden »gemalt«. Wenn ihr so weiter macht, könnt ihr ein ganzes Bild sticken und mit den anderen Farben »ausmalen«.

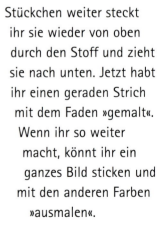

Kräutergärtlein

Kräuter wurden nicht nur zum Würzen, sondern auch zum Heilen benutzt. Salben, Tinkturen und Säfte wurden zubereitet und halfen tatsächlich. Heute kennen wir immer noch ein paar alte Hausmittel, die bei Magenverstimmung oder bei Erkältungen helfen. Kamille ist zum Beispiel gut gegen Durchfall, Salbei gegen Zahnfleischentzündungen und Thymian gegen Husten.
Thymian und andere Kräuter wurden aber auch unter die Strohmatratzen ins Bett gelegt, weil sie gut gegen Ungeziefer wie Wanzen oder Läuse waren. Und zerriebene Blätter des Gewürzsalbei vertreiben heute immer noch Wespen von süßen Speisen.

Ihr braucht:
☆ mehrere kleine Blumentöpfe ☆ Erde ☆ Tütchen mit Kräutersamen (Thymian, Majoran, Estragon, Bohnenkraut, Salbei, Basilikum, Petersilie, Schnittlauch usw.)

1. Auf das Loch am Boden der Blumentöpfe ein Steinchen legen, damit das Gießwasser wieder ablaufen kann und die Wurzeln der Pflanzen keine »nassen Füße« bekommen, und die Töpfe mit Erde füllen.

2. Samen locker auf die Erde legen und mit etwas Erde bedecken. Immer gut feucht (nicht nass!) halten.

3. Nach ein paar Wochen sind die schönsten Kräuter gewachsen.

Kräuter wie Liebstöckel, Bohnenkraut, Thymian und Majoran könnt ihr auch gut trocknen, denn sie behalten ihren Geschmack. Pflückt sie früh am Morgen vor der Tageshitze und bindet sie zu Sträußen. Dann hängt sie kopfüber im Schatten auf, bis sie trocken sind.

Kleidung

Ritter trugen nicht ununterbrochen eine Rüstung. Wenn man weiß, wie Rüstungen ausgesehen haben und wie schwer sie gewesen sein müssen, kann man sich leicht vorstellen, dass die Ritter froh waren, sie nach einem Kampf wieder auszuziehen zu können. Vor allem dann, wenn die Helme und Brustpanzer so verbeult waren, dass die Ritter ohne Hilfe nicht mehr herauskamen. Das geschah häufig, sowohl im Krieg als auch beim Turnier.

Teures Tuch

Wie zu allen Zeiten gab es auch im Mittelalter eine Mode, die sich veränderte. Heute erkennen wir sie teilweise in einigen Kleidungsstücken, wie dem Kleid oder dem Mantel, wieder. Manchmal sieht die mittelalterliche Mode für uns sogar lustig aus, denn Mode ist ja immer Geschmackssache einer bestimmten Zeit.

Und wie zu allen Zeiten war es auch im Mittelalter so, dass jemand wie ein Ritter oder eine Edelfrau Wert auf feine Kleidung legten, das heißt, dass zumindest bei ganz feiner Kleidung das Tuch, aus dem die Sachen genäht waren, zum Teuersten gehörte, was man überhaupt kaufen konnte. Sogar Möbel aus Holz und Töpfe aus Kupfer waren noch billiger. Samt, Seide, golddurchwirktes Tuch wie Brokat, hauchdünn gesponnene und gewebte, durchsichtige Wollstoffe und feinstes Leinen gehörten zu den beliebtesten Stoffen für Kleidungsstücke.

Kräftige Farben

Und bunt mussten die Kleider sein. Kräftige Farben waren sehr beliebt, manchmal auch mehrere an einem Kleidungsstück. Mit Goldfäden aufgestickte Bildmotive und Wappen machte die Kleidung noch prächtiger. Dazu kamen Schmuckstücke aus Gold und Edelsteinen. Von den Adeligen wurde erwartet, dass sie ihren Reichtum zeigten, damit man auch an ihren großen Einfluss und ihre Macht glauben konnte.

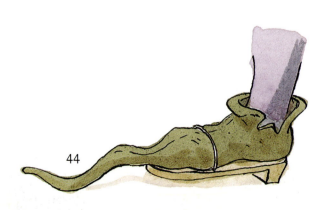

Herrenmode

Ritter liebten das Besondere an ihrer Kleidung, zum Beispiel trugen sie einen aus Goldfäden gewebten Kragen, der mit kleinen Glöckchen besetzt war. Oder der Saum ihres Gewandes oder die Ärmel hatten so genannte Zatteln (spitz oder gebogen zugeschnittene Stoffkanten). Sie waren mit Perlen, silbernen Sternen oder Goldflitter besetzt.

Am Ende des 15. Jahrhunderts wurden die Schuhe immer spitzer und länger. Damit die bis zu 60 cm langen Spitzen, die »Kraniche«, nicht beim Gehen störten, band man sie mit Goldkettchen unter dem Knie fest.

Es gab auch viele Hutformen, von denen im 14. Jahrhundert der Schapperon der beliebteste wurde. Er war aus der ältesten Kopfbedeckung entstanden, die wir kennen, der Kragenkapuze oder Gugel, die sehr gut gegen Kälte schützte. Irgendwann im 14. Jahrhundert wurde es modern, den Gesichtsausschnitt auf den Kopf zu setzen, sodass auf der einen Seite der Kragen und auf der anderen die Kapuzenspitze herunterhing. Bald wurde diese Erfindung gleich so hergestellt, dass ein Wulstring auf den Kopf gesetzt werden konnte. Der ehemalige Kragen bekam viele kleine Falten und die Kapuzenspitze war manchmal über einen Meter lang wie ein Schal!

Damenmode

Der englische Kaufmann war müde. Er hatte gerade in Frankreich in einem Gasthaus zu Abend gegessen und wollte eigentlich nur noch seinen Wein austrinken. Aber am Nebentisch wurde eine spannende Geschichte erzählt und er versuchte so viel Französisch zu verstehen, dass er sie zu Hause in London wieder erzählen konnte.

Es ging um eine junge Frau, deren Stiefmutter sie schlecht behandelte. Sie musste immer in der Küche arbeiten und ihr Gesicht war so von der Herdasche geschwärzt, dass sie nur noch Cendrillon, Aschenputtel, genannt wurde. Ihre beiden Stiefschwestern dagegen wurden herausgeputzt und durften zu Festen in den Königspalast gehen, Aschenputtel musste zu Hause bleiben …

Nun, schließlich ging doch alles gut aus und nur weil Aschenputtels Fuß in einen Schuh passte, erkannte der Königssohn sie wieder und nahm sie zur Frau.

Ein Schuh aus – was war das für ein Wort? Der englische Kaufmann lachte. Glas! Ein Schuh aus Glas. Die Mode wurde auch immer verrückter! Nun, die Geschichte war gut und er würde sie zu Hause seiner Familie und seinen Freunden erzählen.

Ein gläserner Schuh! Er schüttelte den Kopf, gähnte und ging zu Bett.

Missverständnis

Der englische Kaufmann konnte doch nicht so viel Französisch, denn sonst hätte er verstanden, dass die Schuhe ganz einfach mit Pelz besetzt waren. *Vair* (Eichhörnchenfell) und *verre* (Glas) wurden nämlich im Französischen gleich ausgesprochen [wä:r]. Es ging also eigentlich um die kostbaren weichen Lederschuhe der Damen des 14. Jahrhunderts. Aber weil der Kaufmann es missverstanden hatte, trug Cinderella in England gläserne Schuhe …

Figurbetont

Die Damen liebten eng anliegende Kleider und lange, fließende Röcke. Besonders die Ärmel sollten vom Handgelenk bis zum Ellbogen eng anliegen und so waren die Damen gezwungen, dieses Ärmelstück morgens zuzunähen und abends wieder aufzutrennen. Am Ende des 13. Jahrhunderts brachte Marco Polo den Knopf aus China mit, aber dort wurde er mit Schlaufen geschlossen. Bei engen Ärmeln und Kleidern sah das nicht so schön aus und deshalb wurde im 14. Jahrhundert das Knopfloch erfunden, durch das Knöpfe aus Gold, Silber, Edelsteinen oder Elfenbein geschoben werden konnten.

Hüte

Die Kopfbedeckungen der Damen waren teilweise riesig. Da gab es den spitz zulaufenden Hennin, manchmal ein Meter lang, an dem ein feiner Schleier hing. Der Hennin war aus steifem Leinen oder Metall und mit Brokatstoff überzogen. Oder es gab die Schmetterlingshaube, den doppelten Hennin. Oft formten die Damen ihre Haare in seitlich abstehende Hörner, die mit einer goldenen Netzhaube gehalten wurden. Für diese Frisur wurde der Schapperon der Herren zu der Hörnerhaube der Damen »umgebaut«, das heißt der Wulstring, der auf dem Kopf saß, wurde nach oben gebogen und passte so um die Frisur herum. Im 15. Jahrhundert war es auch wieder Mode für junge Mädchen, Blumenkränze oder Goldreifen zu tragen. Das lange Haar fiel dann entweder offen bis zur Hüfte herunter oder war in einen dicken Zopf geflochten. Verheiratete Frauen befestigten dabei zusätzlich einen Schleier unter Reif oder Kranz, weil sie immer eine Kopfbedeckung trugen. Sie waren ja »unter der Haube«, also verheiratet.

Mach mit:

Waffenrock

Ihr braucht:

☆ 1 einfarbiges Stück Stoff (40 x 150 cm)   ☆ Schere   ☆ Ledergürtel   ☆ bunten Filz

1. Den Stoff zuschneiden und falten und in den Stoffknick einen runden Halsausschnitt schneiden, der über euren Kopf passt.

2. Aus buntem Filz ein Wappen (ungefähr 25 x 40 cm) basteln und auf die Vorderseite des Waffenrockes kleben.

3. Um die Taille einen Gürtel oder ein Band schlingen.

Umhang

Ihr braucht:

☆ Stoff oder altes Betttuch (80 x 120)   ☆ 1 große Sicherheitsnadel

Die breite Seite des Stoffes um die Schultern legen, sodass rechts und links zwei gleich lange Stoffteile nach vorne fallen. Mit der Sicherheitsnadel unter dem Kinn zusammenstecken. Die vorderen Kanten wieder über die Schulter nach hinten werfen, sodass der ganze Umhang am Rücken herunterhängt und euch nicht behindert. Dieser Umhang ist übrigens auch für Edelfrauen gut.

Hennin

Ihr braucht:
- ☆ 1 großen Bogen dünne Bastelpappe (40 x 40 cm)
- ☆ Schere
- ☆ Kleber
- ☆ Krepp- oder Seidenpapier
- ☆ Kordel
- ☆ Bleistift

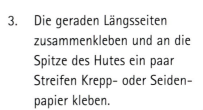

1. Einen Bleistift an die Kordel binden und sie auf 40 cm Länge abschneiden.

2. Kordel und eine Ecke der Pappe festhalten und mit dem Bleistift einen Viertelkreis über die anderen Pappecken zeichnen. Am Bleistiftstrich ausschneiden.

3. Die geraden Längsseiten zusammenkleben und an die Spitze des Hutes ein paar Streifen Krepp- oder Seidenpapier kleben.

Kleid

Ihr braucht:
- ☆ 1 Stück alte Gardine, ein altes Betttuch oder einen Stoffrest von 40 x 200 cm
- ☆ Schere
- ☆ Gürtel oder buntes Band

Das Kleid wird genauso angefertigt wie der Waffenrock, ist nur länger. Außerdem braucht ihr kein Wappen zu basteln, aber ihr könnt ein buntes Band um eure Taille schlingen und eine kleine Brosche befestigen.

Blumenkranz

Ihr braucht:
- ☆ Gänseblümchen, Margeriten, Löwenzahn oder andere Sommerblumen

Den Stiel einer Blume unter dem Blütenkopf mit dem Fingernagel einritzen und den Stiel der zweiten Blume durchstecken. Den Stiel der zweiten Blume einritzen und die dritte durchstecken. So viele Blumen verwenden, bis der Kranz auf euren Kopf passt. Dann den Stiel der ersten Blume durch den Ritz im Stiel der letzten stecken um den Kranz zu schließen.

Burgküche

Burgen hatten zum Teil riesige Küchen, denn es musste manchmal für sehr viele Menschen gekocht werden. In großen Kesseln wurden Suppen, Eintöpfe oder Soßen über einem offenen Feuer zubereitet. Es gab Backöfen für Brot und Pasteten, Roste und Spieße zum Grillen und Braten. Manche Bratspieße waren drei Meter lang, damit ein ganzes Schwein oder Reh oder eine ganze Reihe Tauben, Hühnchen, Fasane oder Gänse damit gebraten werden konnten. Topfhaken, Feuerschaufeln, große Gemüsekörbe, Reibeisen und Mörser gehörten in die gut eingerichtete mittelalterliche Küche.

Eigene Produktion

Burgbewohner mussten überleben können ohne von gekauften Nahrungsmitteln abhängig zu sein. Milch, Käse, Eier, Obst, Gemüse und Korn für Mehl kamen aus dem eigenen Anbau oder den Abgaben der Leibeigenen. Zu diesen Abgaben gehörten auch Schweine, Rinder, Schafe und Geflügel, die im Winter bis spätestens zum Fest des Heiligen Martin am 11. November zur Burg gebracht werden mussten. Daher rührt noch heute der Brauch, eine »Martinsgans« zu essen. Das Fleisch wurde teilweise durch Einpökeln oder Einlegen in Salz oder Essig für den Wintervorrat haltbar gemacht oder ein Teil der Tiere wurde im Stall weitergefüttert, damit auch im Winter Frischfleisch vorhanden war.

Einkäufe

Für sonstige Einkäufe gab es die fahrenden Händler, die von Zeit zu Zeit auf die Burg kamen, oder die Märkte der Städte, auf denen es alles zu kaufen gab, was zusätzlich gebraucht wurde, zum Beispiel Wein, Stoffe und Kleider oder Gewürze wie Pfeffer, Muskatnuss, Ingwer oder Safran. Nur sehr Reiche konnten sich Gewürze leisten, denn sie kamen mit Schiffen von weit her und waren deshalb natürlich sehr viel teurer.

Gut gewürzt

In Gewürzen und vor allem in Kräutern wurden nicht ganz zu Unrecht Heilkräfte vermutet. Deshalb wurden sie in großen Mengen benutzt. Die Kräuter wurden im Kräutergarten der Burg gezogen oder auf den Wiesen gesammelt.

Viele Gerichte wurden auch mit Honig und Mandeln gesüßt und gewürzt. Die mittelalterliche Küche ist für unseren heutigen Geschmack eigentlich immer etwas zu süß, zum Beispiel die in Milch, Mandeln und ein Paar Tropfen Rosenwasser gekochten Hähnchenstücke oder Gemüse schmecken für uns sehr ungewöhnlich, fast so wie heißes Marzipan mit Hühnchen.

Jagd

Der Einzige, der das Recht hatte, auf seinem Gebiet Wild zu jagen, war der Burgherr. Große Jagden wurden wie Feste gefeiert und die Damen beteiligten sich sogar daran. Sie besaßen Falken, die darauf abgerichtet waren, Vögel und kleinere Tiere zu schlagen.

Aber meistens war die Jagd einfach notwendig um an frisches Fleisch zu kommen. Es wurden Treibjagden mit Hunden veranstaltet, bei denen oft weite Strecken zu Pferd zurückgelegt werden mussten, bis ein Hirsch, Reh oder Wildschwein in die Enge getrieben war. Oder es wurden Fallen aufgestellt, in denen sich manchmal sogar ein Bär verfing. Kaninchen, Hasen, Fasanen und Enten gehörten auch zur Jagdbeute.

Getränke

Hunderte von Litern Bier wurden auf einer Burg gebraut, damit ihre Bewohner außer Wasser etwas zu trinken hatten. Es war ein sehr leichtes Bier und wurde zu fast allen Mahlzeiten getrunken, auch schon zum Frühstück im Morgengrauen, denn Kaffee oder Tee gab es noch nicht.

Wein wurde, je nachdem, wo man lebte, aus Frankreich, Deutschland, Italien oder Spanien eingeführt. Der englische König bevorzugte zum Beispiel Rheinwein und Bordeaux. Der französische Burgunder, nach der Ernte gerade erst in Fässer abgefüllt, wurde nach Lübeck transportiert um dort zu reifen und als Rotspon verkauft zu werden.

Außerdem gab es Apfelwein und Most zu trinken oder Wasser, entweder frisch aus der Quelle oder mit Honig oder Wein gemischt.

Das Festmahl

»Wie Ritter gegessen haben? Nun, sie warfen die abgenagten Knochen hinter sich, rülpsten laut, tranken zu viel Wein und lagen irgendwann betrunken unter dem Tisch.«

So ähnlich hört es sich an, wenn heute jemand gefragt wird, wie es wohl bei einem ritterlichen Festmahl zugegangen ist. Es ist wohl etwas Wahres dran, denn es gibt ab dem 12. Jahrhundert genug Bücher, in denen Tischmanieren genau beschrieben sind. Zum höfischen Ritter passte es nun einmal nicht, sich bei Tisch daneben zu benehmen. Und diese Bücher wären genau wie heute unnötig gewesen, wenn jeder gewusst hätte, wie man sich bei Tisch verhält.

Tischzucht

1. Lege nie abgenagte Knochen in die Fleischschüssel zurück, sondern wirf sie den Hunden vor.
2. Stecke nie die Finger in die Soßen, sondern nur Brot oder Fleischstückchen.
3. Stopf dir den Mund nicht so voll Essen, dass rechts und links die Krumen wieder herausfallen.
4. Sprich nicht mit vollem Mund.
5. Nimm deinem Nachbarn nicht ein besseres Stück Fleisch oder Fisch vom Teller.
6. Trinke niemals, wenn du den Mund noch voll hast, du könntest dich verschlucken.
7. Bevor du trinkst, solltest du dir den Mund abwischen, damit keine Fettflecken auf dem Weinbecher sind.
8. Schwenke nie Wein oder Bier mit aufgeblasenen Backen im Mund herum um Speisereste aus den Zähnen zu holen.
9. Starr nicht dauernd gierig auf dein Essen, sondern blicke freundlich umher.
10. Schneuze dich nicht ins Tischtuch.

Der hohe Tisch

Ein Festmahl wurde in der großen Halle aufgetragen. Waren es zu viele Gäste, wurden auch oft Zelte im Freien aufgestellt, damit die vielen Menschen Platz finden konnten. Es gab immerhin Feste, an denen mehrere hundert Ritter und Edelfrauen teilnahmen, bei großen Anlässen an Königshöfen manchmal sogar Tausende.

Für ein normales Festmahl in der großen Halle wurden Tische aus Brettern und Böcken aufgebaut und darauf weiße Tischtücher gebreitet. Der Burgherr, seine Frau und seine Ehrengäste saßen an einem erhöhten Tisch mit dem Rücken zur Wand, sodass sie von der anderen Seite des Tisches bedient werden konnten. So konnten sie auch die anderen Gäste sehen, die entsprechend ihres Ranges an weiteren Tischen verteilt saßen.

Geschirr und Besteck

Jeder hatte einen runden Brotfladen als Teller vor sich, der nach dem Essen den Hunden gegeben wurde. In reicheren Haushalten gab es Zinnteller, manchmal sogar Gold- oder Silbergeschirr. Außerdem gab es hölzerne Suppenteller, Becher aus Ton, Glas, Zinn oder Gold und einen Löffel. Sogar in reichen Haushalten wurden Messer zu zweit benutzt, weil sie teuer waren. Zweizinkige Gabeln gab es zum Aufspießen von Fleischstücken, aber sonst wurde mit den Fingern gegessen. Auf dem hohen Tisch stand darüber hinaus ein Salzgefäß, oft in Form eines Schiffes aus Gold oder Silber. Salz war sehr teuer. Es war höflich und zeigte Reichtum, wenn man es dem Gast anbot.

Das Essen wird serviert

Nach einem Tischgebet wuschen die Gäste sich die Hände in Rosenwasser, das ihnen von Pagen gereicht wurde. Das war nötig, denn sie benutzten ja auch die Finger zum Essen. Aus diesem Grund waren auch die Tischmanieren so wichtig. Keiner sollte sich schließlich genüsslich die Finger ablecken und sich dann aus einer Schüssel, die für alle war, ein neues Stück Fleisch aussuchen.

Pagen kamen herein und trugen Schüsseln auf, die abgedeckt waren und hoch über den Kopf gehalten werden mussten. So wurden die Speisen auf dem langen Weg aus der Burgküche nicht verunreinigt. Aus dem gleichen Grund waren auch die großen Kannen mit den Getränken verschlossen.

Das Menü

Die Tischbalken bogen sich tatsächlich, wenn ein mittelalterliches Festmahl stattfand, denn die Menschen aßen sehr viel mehr als wir. Drei Gänge waren normal, aber nicht in der Reihenfolge, wie wir sie heute kennen. Es wurde im Überfluss angeboten, fast jeder Gang enthielt Fleisch, Fisch und Süßspeisen, im Sommer auch frische Gemüse. Kartoffeln gab es noch nicht, dafür aber Brot. Ein Gang bestand tatsächlich aus mehreren Gerichten, die heute jedes für sich allein ein Essensgang wären. Jeder bediente sich mit dem, was er mochte, die Gäste aßen also nicht unbedingt von allen Gerichten.

Fantasievoll

Der Leibkoch einer Burg wusste, wie er seine Gäste begeistern konnte. Aus dem Essen wurden kleine Kunstwerke geformt. Öffnete man eine Pastete, flogen lebende Vögel heraus und sangen. Oder es gab Wappen aus Aspik oder gefärbtem Gelee und Göttinnen oder Schwäne aus Zuckerwerk. Ganze gebratene Vögel wie Gänse oder Pfauen kamen mit ihrem Federkleid auf den Tisch, sodass sie lebendig aussahen. Mit einem Griff wurden die kunstvoll zusammengesteckten Federn entfernt und darunter kam der gebratene Vogel zum Vorschein.

Höfische Kostprobe

Erster Gang
1. Rindfleisch in Pfeffersoße
2. Wildschweinkopf mit Stoßzähnen
3. Junge Schwäne
4. Gegrillte Kapaune
5. Erbsen mit warmem Honigwein
6. Gebratener Stör
7. Beerensüßspeise

Zweiter Gang
1. Wildbret
2. Fruchtgelee
3. Gefülltes Spanferkel
4. Pfau im Federkleid
5. Holunderblütenmus
6. Kräutertorte
7. Gebratene Fleischstücke

Dritter Gang
1. Quittengelee
2. Rebhühner
3. Tauben
4. Fischpastete
5. Kaninchenbraten
6. Glasierte Äpfel
7. Gefüllte Eier

Getränke
Wein
Bier
Apfelwein
Hippokras
(heißer Würzwein)

Unterhaltung der Gäste

Während des Essens wurden die Gäste auf das Angenehmste unterhalten. Es wurde für Musik gesorgt und Sänger, Tänzer und Akrobaten traten auf, wenn leere Schüsseln abgeräumt und die nächsten Speisen aufgetragen wurden.

Musikprogramm

Auf einer Galerie über den Köpfen der geladenen Gäste saßen Musiker, die den Beginn des Festmahls und die einzelnen Gänge mit Fanfaren ankündigten und auch während des Essens aufspielten.

Manchmal wurde eine riesige Pastete hereingetragen, aus der zur Überraschung aller Akrobaten sprangen und die Gäste mit ihren Kunststücken begeisterten. War die Halle groß genug, konnte es sogar sein, dass Sänger auf Pferden hereinritten und die Gäste mit Liedern unterhielten. Schauspieler führten in den Pausen zwischen den Gängen kurze Theaterstücke oder Pantomimen aus der Bibel oder aus alten Sagen und Legenden vor. Schön gekleidete Frauen traten auf und stellten die ritterlichen Tugenden dar wie Treue, Weisheit oder Tapferkeit.

Großartig

Besonders bei der Auswahl der Unterhaltung für die Gäste konnte ein adeliger Gastgeber die Pracht seines Hofes zeigen. Je großartiger die unterhaltsamen Überraschungen für die Gäste waren, umso gelungener war das Fest. Manchmal wurden in den Festsaal kleine Nachbauten von Kirchen getragen, in denen Musiker oder Sänger saßen und in deren Glockenturm auch wirklich eine Glocke hing. Oder es gab eine Burg, in der ein Brunnen stand, aus dem fünf verschiedene Sorten Wein flossen.

Ab dem 15. Jahrhundert war es auch sehr beliebt, mechanische Puppen »auftreten« zu lassen. Ein Drache flog plötzlich über die Köpfe der Speisenden und spie Feuer. Oder auf einem Tisch war eine Wiese aufgebaut, auf der ein beweglicher Löwe stand. Auf einem anderen Tisch tapste ein echt aussehender Bär durch eine Winterlandschaft, die mit Hilfe von Spiegeln und Streuglasstückchen hergestellt war. Bei einem mittelalterlichen Festmahl gab es sehr viel zu bestaunen und zu bewundern. Unterhaltung gehörte einfach zum Essen dazu.

War das Essen beendet und die Tische waren weggeräumt, wurde bis spät in die Nacht getanzt. Mit einem letzten Glas heißem Würzwein, dem Hippokras, wünschten sich die Gäste dann eine gute Nacht.

Mach mit:

Rosenwasser für die Hände

Ihr braucht:

☆ 1 kleines Fläschchen echtes Rosenwasser aus der Apotheke
☆ 1 l Wasser   ☆ 1 Handtuch

Einen großen Krug mit Wasser füllen und ungefähr die Hälfte des Fläschchens hineinschütten, bis das Wasser gut duftet. Die Hände über eine Schüssel halten, von einem Pagen mit ein wenig Wasser übergießen lassen und abtrocknen. Eure Hände sind sauber und duften nach Rosen.

Höfische Apfelkuchen

Ihr braucht:

☆ 200 g Mehl   ☆ 4 Eier   ☆ 1/2 l Milch   ☆ je 1 Prise Salz und Zucker   ☆ 40 g Schmalz oder Butter zum Ausbacken   ☆ 2–4 säuerliche Äpfel (je nach Größe)   ☆ Zimt   ☆ Rosinen

1. Aus Mehl, Eiern, Milch, Salz und Zucker einen Pfannkuchenteig anrühren und eine halbe Stunde stehen lassen.

2. In der Zwischenzeit Äpfel schälen, Kerngehäuse entfernen, in dünne Scheiben schneiden und mit wenig Zimt bestreuen.

3. Schmalz oder Butter in einer Pfanne erhitzen und einen Teil der Apfelscheiben und ein paar Rosinen hineinlegen, sodass vier Portionen entstehen.

4. Mit einer kleinen Schöpfkelle jede Apfelportion mit Teig übergießen und bei kleiner Hitze ausbacken.

5. Wenn die eine Seite braun ist, alle Kuchen umdrehen und die andere Seite ausbacken.

6. Das wird so oft wiederholt, bis alle Zutaten aufgebraucht sind. Die fertigen Kuchen auf einem Teller im warmen Backofen aufbewahren. Aber Vorsicht: Der Teller wird sehr heiß!

7. Mit Zucker bestreuen und aufessen. Die Pfannkuchen schmecken übrigens auch kalt.

Ritterbrötchen

Ihr braucht:
☆ kleine Roggen- oder Laugenbrötchen   ☆ Käsescheiben   ☆ Salatblätter   ☆ Tomatenscheiben
☆ Gurkenscheiben   ☆ Butter

Brötchen aufschneiden und mit Butter bestreichen. Auf eine Brötchenhälfte Salatblatt, Käsescheibe, Gurken und Tomatenscheiben schichten und die zweite Brötchenhälfte obendrauf legen. Den Mund sehr weit aufsperren und hineinbeißen.

Sommertrunk

Ihr braucht:
☆ 2–3 Eiswürfel   ☆ Saft von einer Zitrone
☆ 2 Esslöffel Himbeersirup   ☆ Wasser

Die Eiswürfel in ein großes Glas füllen, Zitronensaft und Himbeersirup darüberschütten und mit kaltem Wasser auffüllen. Mit einem Strohhalm umrühren und trinken.

Winterpunsch

Ihr braucht:
☆ 4 Esslöffel Heidelbeersirup   ☆ 8 Esslöffel Orangensaft   ☆ heißes Wasser

Heidelbeersirup und Orangensaft in einen Becher schütten und mit heißem Wasser aufgießen. Das wärmt nach einer ritterlichen Schneeballschlacht ganz schön auf.

Feste mit Musik und Tanz

Mittelalterliche Menschen liebten Feste aller Art, denn sie brachten Abwechslung in den sonst eintönigen Burgalltag. Nicht nur Turniere, Jagden, Familienfeste wie Verlobungen, Hochzeiten oder Geburt und Taufe wurden prächtig begangen, sondern auch die vielen kirchlichen Festtage wie Ostern oder Pfingsten. Der Lehnsherr lud dann seine Vasallen und Freunde ein und oft feierten sogar seine Bauern mit. Nach den langen kirchlichen Fastenzeiten, zum Beispiel der Fastenzeit vor Ostern oder der Adventszeit vor Weihnachten, waren alle froh, endlich wieder Fleisch oder Eier essen zu dürfen und ausgelassen feiern zu können.

Weihnachten

Das Weihnachtsfest dauerte zwölf Tage und endete erst am Tag der Heiligen Drei Könige, dem 6. Januar. Geschenke gab es dabei nicht am Heiligabend oder am ersten Weihnachtstag, sondern erst am Neujahrstag. Weihnachten war noch ein rein religiöses Fest, an dem in der Kirche und zu Hause der Geburt Christi gedacht wurde.

Osterbräuche

In manchen Ländern haben sich Osterbräuche gehalten, die schon im Mittelalter bekannt waren. Den Osterhasen und das Eierverstecken gab es noch nicht, denn auch das Osterfest, das höchste Fest der christlichen Kirche, wurde rein religiös begangen.

Aber da es ein Frühlingsfest ist und zu dieser Zeit die Hühner wieder anfingen, Eier zu legen, gehörten Spiele mit Eiern schon im Mittelalter dazu. Hart gekochte und bunt gefärbte Eier wurden zum Beispiel einen Hügel heruntergerollt. Gewinner war der mit dem »schnellsten« Ei. Oder Männer und Jungen zogen am Abend des Ostersamstag von Tür zu Tür und baten um Eier. Wurde ihnen genug gegeben, führten sie eins der beliebten Osterspiele auf, in denen die Szenen aus der Bibel vorgeführt wurden, die zum Osterfest gehören.

Festliche Umzüge

Andere religiöse Feste wurden wie heute mit Prozessionen oder Umzügen gefeiert, wie das Fronleichnamsfest oder Christi Himmelfahrt. Aber diese Umzüge waren auch bei Königskrönungen, bei Hochzeiten oder nach dem Ritterschlag üblich. Schließlich war es oft die einzige Möglichkeit, eine Hochzeit oder einen Ritterschlag bekannt zu machen. Die Menschen zogen singend und tanzend durch geschmückte Straßen, die Musiker spielten auf und die Gaukler, die zu diesen Anlässen herbeikamen, ließen ihre Bären tanzen, zeigten ihre Kunststücke oder erzählten Geschichten. Besonders laut ging es an Polterabenden zu. Die Burgleute maskierten sich und besorgten sich Musikinstrumente oder Gegenstände, die möglichst viel Lärm machten. Damit veranstalteten sie dann einen Umzug, sodass jeder wusste, dass am nächsten Tag eine Hochzeit stattfand.

Musik und Tänze

Nach dem Festessen bei einer Hochzeit oder einem anderen Fest wurde getanzt. Die Musiker begleiteten die Tänzer mit Trommeln, Tamburinen, Lauten, Leiern und Flöten.
Ritter und Edelfrauen bewegten sich in Paaren mit langsamen Schritten zur Musik. Die Festkleidung war manchmal nicht für schnelle Tänze geeignet. Mit einem ein Meter hohen Hennin auf dem Kopf konnte eine höfische Dame die schnellen hüpfenden Schritte nicht so gut tanzen.
Trotzdem waren schnelle Tänze sehr beliebt, zum Beispiel die Moriska. Es war ein Tanz, der 1386 aus Spanien kam und schnell bekannt wurde. Ritter, sogar Könige, verkleideten sich mit Fellen oder mit Gewändern, an denen bunte Stoffstücke flatterten, als »wilde Männer«. Sie hatten geschwärzte Gesichter, trugen Fackeln und es gab keine vorgeschriebenen Schritte wie beim höfischen Tanz. Die Ritter stampften und sprangen zu einer schnellen und sehr rhythmischen Musik, wie sie wollten.
1393 passierte bei einem Hochzeitsfest am französischen Hof ein Unfall. Die Fackeln setzten die adeligen Moriskentänzer in Brand. Viele konnten gerettet werden, auch der französische König selbst. Eine Herzogin warf ihren Umhang über ihn und konnte so die Flammen löschen. Aber seitdem waren die Fackeln beim Tanzen verboten.

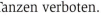

Mach mit: Ritterfest

Einen Geburtstag oder ein Sommerfest könnt ihr mit allem, was ihr nun wisst, sehr gut als ein höfisches Ritterfest feiern. Eierlauf, Sackhüpfen und Fußball sind Spiele, die schon mittelalterliche Menschen spielten, wenn es etwas zu feiern gab oder wenn sie sich einfach vergnügen wollten. Diese Spiele und Wettläufe oder Weitwurf wurden natürlich mit Preisen belohnt.

Einladungen

Kein Fest ohne Einladung! Im Mittelalter schickte der König seinen Herold aus um die Ritter von nah und fern zu einem Turnier einzuladen. Wir nehmen heute die Post, die es im Mittelalter noch nicht gab. Einladungskarten könnt ihr auf viele Arten gestalten, zum Beispiel mit eurem Wappen oder Siegel bemalen, einen Drachen oder eine Burg aufmalen, ausschneiden und die Rückseite beschreiben. Ihr könnt aber auch etwas anderes basteln.

Ihr braucht:

☆ 2 Blätter Tonpapier (ungefähr 20 x 30 cm)   ☆ Schere   ☆ Kleber   ☆ Buntstifte

1. Beide Blätter einmal falten.

2. In die gefaltete Seite eines Blattes ungefähr in der Mitte einen senkrechten Schnitt machen (5 cm).

3. Das Papier über dem Einschnitt nach oben falten, sodass ein Dreieck entsteht. Das Papier öffnen und das Dreieck vorsichtig nach innen ziehen. Wenn ihr das Papier schließt und wieder öffnet, bewegt sich das Dreieck und klappt auf.

4. Um das Dreieck einen Ritterhelm malen, sodass das Dreieck zum Visier wird.

5. Das zweite Blatt Tonpapier unter euer bemaltes legen und mit Bleistift die lange Seite des Dreiecks dünn auf das zweite Blatt malen.

6. Über den Strich malt ihr dann auf das zweite Blatt ein Paar Augen, vielleicht mit buschigen Augenbrauen.

7. Jetzt das Blatt mit dem Dreieck auf das zweite Blatt kleben. Fertig.

8. Wenn ihr eure Karte jetzt aufklappt, müssten euch die Augen aus dem Visier ansehen.

9. Um den Helm herum könnt ihr jetzt euren Text schreiben.

60

Aschenputtel-Spiel

Ihr braucht:
☆ 4 Teller ☆ 20 getrocknete Erbsen ☆ 2 spitze Stecknadeln ☆ 2 und mehr Spieler

Vor jedem der beiden Spieler stehen zwei Teller im Abstand von 10 cm voneinander. Auf einem der Teller liegen zehn Erbsen, der andere ist leer.
Die beiden Spieler beginnen gleichzeitig mit der Stecknadel in die Erbsen zu piken und sie nacheinander auf den zweiten Teller zu legen.
Wer als erster damit fertig ist, hat gewonnen.

Tiefenstein gegen Hohenfels

Ihr braucht:
☆ 1 Spielfeld im Freien (es müssen auf jeden Fall zehn Kinder hineinpassen und sich noch bewegen können)
☆ 1 runde Pappscheibe ☆ Buntstifte ☆ bunte Kreide ☆ ein Herold ☆ 10 und mehr Spieler

1. Die Pappscheibe auf der einen Seite mit den Wappenfarben der Ritter von Tiefenstein, auf der anderen mit den Farben der Ritter von Hohenfels bemalen. Der Herold stellt sich mit der Scheibe in der Hand genau in die Mitte des Spielfeldes.

2. Jede Ritter-Partei wählt sich nun eine schmale Seite des Spielfeldes aus und kennzeichnet sie mit Kreide in ihren Farben.

3. Dann stellen sich die Ritter mit dem Rücken zueinander und dem Herold zwischen sich in die Mitte des Spielfeldes und schauen in die Richtung der jeweils gegnerischen Seiten.

4. Der Herold wirft nun die Scheibe in die Luft und verkündet laut, welches Wappen oben ist, wenn sie auf dem Boden liegt.

5. Die Ritter, denen das ausgerufene Wappen gehört, drehen sich um und rennen auf ihre Seite, wobei die Gegner versuchen sie abzuschlagen. Wer geschlagen ist, scheidet aus.

6. Es wird so lange gespielt, bis eine Ritter-Partei ganz abgeschlagen ist.

Mach mit:
Rettung aus dem Burgverlies

Ihr braucht:
✧ 2–4 Spielsteine   ✧ 1 Würfel   ✧ 2–4 Spieler   ✧ Spielfeld aus der Tasche hinten im Buch

Ritter Heinrich sitzt als Gefangener im Verlies unter dem Bergfried, der Burgherr feiert derweil ein Fest, weil er für Heinrich sehr viel Lösegeld erhalten wird. Aber Heinrichs Knappen versuchen ihren Ritter zu befreien. Die Flucht ist genau geplant, sie müssen nur zu Heinrich kommen. Dabei dürfen die Burgbewohner keinen Verdacht schöpfen. Es wird auf den Feldern mit den Zahlen manchmal etwas brenzlig, aber der Knappe, der am Ende mit einem Satz auf das letzte Feld (12) springt, hat es geschafft. Die Knappen stellen sich also am Start auf und würfeln darum, wer beginnen darf. Natürlich gewinnt die höchste Zahl. Nun geht's los.

Feld 1: Die Wächter haben dich entdeckt und die Zugbrücke hochgezogen. In der nächsten Runde musst du den Umweg über die Leiter nehmen – zurück zum Start.

Feld 2: Ein Wächter stellt sich in den Weg, aber du kannst schon gut kämpfen und kommst vorbei – 3 Felder vor.

Feld 3: Du hast gerade noch gesehen, wie ein Knappe das Pferd eines Ritters in den Stall führt, und kannst dich hinter dem Brunnen verstecken – 1 Runde aussetzen.

Feld 4: Eine Dame hat sich von der Rasenbank im Garten erhoben und kommt auf dich zu. Dein Ritter hat dir Höflichkeit beigebracht, also plauderst du ein wenig mit ihr, bevor sie zum Palas geht – 1 Feld vor.

Feld 5: Im Palas wird ein Fest gefeiert, weil dein Ritter hohes Lösegeld bringt. Du wirst gebeten an der Tafel zu bedienen, aber du verschüttest Wein auf das beste Gewand eines Ritters und fliegst auf der anderen Seite des Palas gleich wieder hinaus. Das kann dir nur recht sein – 3 Felder vor.

Feld 6: Aus der Küche kommen köstlichste Gerüche. Pagen tragen abgedeckte Schüsseln in den Palas und einer gibt dir ein kleines Brot zu essen – 1 Runde aussetzen.

Feld 7: Du stehst vor dem Bergfried, siehst aber keine Möglichkeit, über die Leiter in den Eingang zu klettern, weil davor Wächter stehen. Du pfeifst unauffällig ein Liedchen und gehst schnell weiter – 2 Felder vor.

Feld 8: Vielleicht hättest du nicht so schnell gehen sollen, denn du hast einen fahrenden Händler umgerannt und musst ihm helfen seine Waren aufzusammeln und wieder in seine Kiepe zu packen – 1 Runde aussetzen.

Feld 9: An der Schmiede wird ein Pferd beschlagen und du schaust zu – 1 Runde aussetzen.

Feld 10: Der Messerschleifer schaut aus dem Fenster und du machst dich lieber aus dem Staub – 2 Felder vor.

Feld 11: Schon wieder ein Wächter! Er geht um den Bergfried herum und will zu den anderen bei der Leiter zum Eingang in den Bergfried. Du versteckst dich im Turmeingang, bis er weg ist – 1 Runde aussetzen.

Feld 12: Geschafft! Die Wächter sind mit Würfelspielen beschäftigt und ein Page hat ihnen einen Krug Wein gebracht. Sie haben nicht gesehen, wie du die Leiter hochgeschlichen bist. Gut gemacht! Es ist schon richtig, dich bald zum Ritter zu schlagen.

Kreisel-Würfel

Wenn ihr bei dem Spiel »Rettung aus dem Burgverlies« statt des Würfels etwas anderes benutzen wollt, das auch schon im Mittelalter bekannt war, dann könnt ihr diesen Kreisel basteln. Kreisel wurden eigentlich mit einem Stock, an dem eine Kordel oder ein dünner Lederriemen befestigt war, in Schwung gebracht. Wenn sie sich richtig schnell drehten, fielen sie nicht mehr um und konnten mit dieser Stockpeitsche weitergetrieben werden. Die Kinder und auch die Erwachsenen konnten es so gut, dass sie sogar neben dem Kreisel herlaufen konnten.

Ihr braucht:

☆ 1 Zahnstocher ☆ feste Pappe ☆ Buntstifte ☆ Schere ☆ Lineal

1. Aus der Pappe eine sechseckige Scheibe wie auf dem Bild ausschneiden. Jede Ecke wird mit der gegenüberliegenden durch einen Strich verbunden und in die Felder dazwischen werden Zahlen von eins bis sechs geschrieben. Ihr könnt jedes Feld bunt ausmalen.

2. Genau durch die Mitte der Scheibe, wo der Schnittpunkt aller Linien ist, die ihr gezeichnet habt, einen Zahnstocher stecken. Nun ist der Kreisel-Würfel fertig.

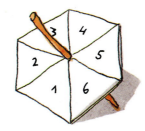

3. Zum Würfeln stellt ihr den Zahnstocher genau senkrecht auf eine glatte Fläche. Die Zahlen der Scheibe zeigen nach oben. Dann gebt ihr ihm mit Daumen und Zeigefinger den richtigen Schwung, sodass er sich dreht.

4. Wenn er umfällt, kommt er auf ein Feld der Scheibe zu liegen. Die Zahl auf diesem Feld habt ihr also »gewürfelt«.

Kleines Ritter-Wörterbuch

Redewendung	Bedeutung im Mittelalter	Heutige Bedeutung
fest im Sattel sitzen	im Kampf auf dem Pferd sicher sein	sich einer Sache sicher sein
aus dem Stegreif (Steigbügel)	auf den Steigbügeln stehend kämpfen	unvorbereitet handeln
hieb- und stichfest	gut gepanzert gegen Schwerter oder Keulen sein	nicht zu widerlegen
für jemanden eine Lanze brechen	an Stelle eines andern im Turnier kämpfen	sich für jemanden einsetzen
in Schranken halten	Turniergegner im Zweikampf nicht aus den Schranken lassen	bändigen
aus dem Sattel heben	mit der Lanze besiegen	jemanden besiegen
im Stich lassen	einen Freund im Kampf gegen feindliche Lanzen allein lassen	allein lassen
im Visier haben	durch die Augenschlitze des Helms kampfbereit ansehen	ins Auge fassen
das Visier herunterklappen	zum Angriff bereit sein	beleidigt schweigen
in Harnisch bringen	als Knappe dem Ritter in die Rüstung helfen	zornig machen
etwas im Schilde führen	zum Beispiel ein Familienwappen im Schild führen	etwas vorhaben
türmen	in den Turm/Bergfried fliehen	fliehen
Pech haben	von heißem Pech aus den Pechnasen getroffen werden	Unglück haben
sich die Sporen verdienen	sich als Knappe für den Ritterschlag würdig erweisen	sich etwas erarbeiten
auf großem Fuße leben	sich teure Lederschuhe mit langen Spitzen leisten können	üppig leben
die Tafel aufheben	die Bretter und Böcke des Esstisches wegräumen	das Essen beenden